Estafa Doble & Agravada

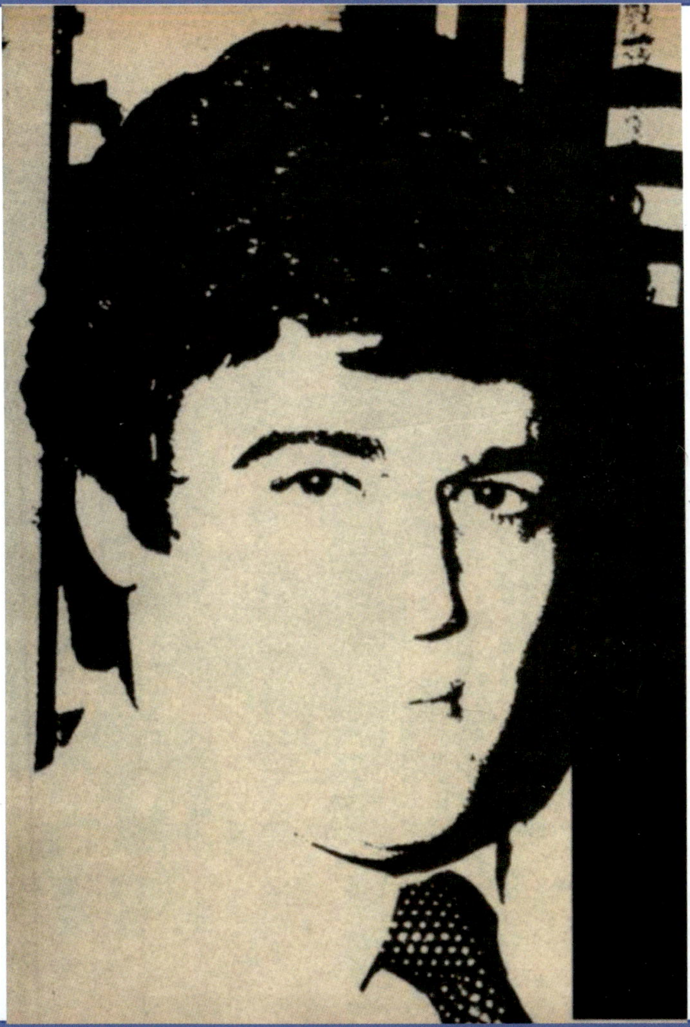

Robert Alonso

**A la memoria de Antonio José Cisneros Rendiles &
Rebeca Raue Bolívar de Cisneros**

Editorial Daktari
ISBN: 9798687369626
Miami, Junio 2020
Prohibida su reproducción parcial o total

Con profundo agradecimiento a mi amigo
EDUARDO E HURTADO
quien hizo posible la publicación de este libro

Autor de la obra
"La Franquicia Cubana"

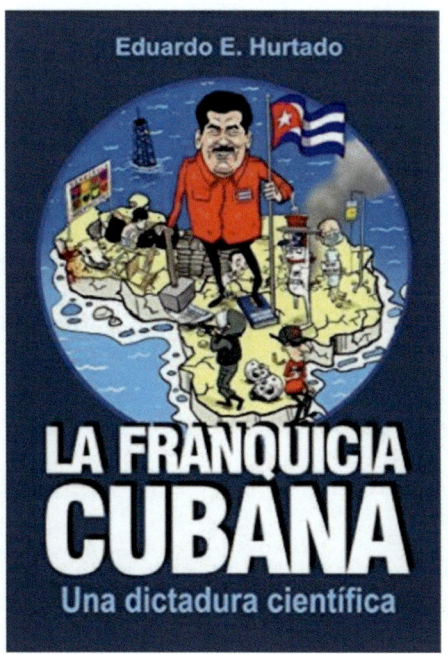

Contenido

Sobre el autor

Robert Alonso nació en la ciudad de Cienfuegos, Cuba, en agosto de 1950. En 1961, a la edad de 11 años, emigró con sus padres a Venezuela, escapando del castro-estalinismo internacional.

Estudió administración comercial en Spokane, Washington State; dirección de televisión y cine en Múnich, Alemania y comunicación social en la Universidad de Aberdeen, en Escocia.

Viviendo en Berlín (occidental), fue reclutado por lo que luego se conoció como "La Guerra por los Caminos del Mundo", una organización que atacaba los intereses castristas a lo largo y ancho del planeta.

Fue productor de RCTV, VTV y WAPA TV de Puerto Rico. Viendo venir la destrucción de su país adoptivo, decidió dedicarse a luchar por evitar que Venezuela cayera en las garras del mismo enemigo que lo obligó a dejar su patria natal.

Es autor de varios libros: "Memorias de Cienfuegos", "Regresando del Mar de la Felicidad", "Los Generales de Castro", "Los Evangélicos" y "Cómo se Perdió Venezuela".

Es conocido como el "Padre de La Guarimba", estrategia que promovió en Venezuela a partir del año 2003. Debido a la sublevación cívica del año siguiente, se vio obligado a exiliarse por segunda vez, estableciéndose con su familia en la ciudad de Miami.

En 1974 contrajo matrimonio con Siomara María Etcheverry Martín, con quien procreó 4 hijos: María Carolina, Carlos Alberto, Alejandro Enrique y Eduardo José.

El libro que Uds. están a punto de leer abarca una pequeña parte de sus memorias.

Prologo

Qué sabio fue Napoleón Bonaparte cuando dijo: *"Aquel que no conoce su historia está condenado a repetirla"*. Esa misma frase se le atribuye al filósofo español Jorge Agustín Nicolás Ruiz de Santayana, pero de quien sea la frase no es lo relevante sino la verdad que ésta trae.

La historia de lo que pasó en Venezuela a través de los últimos 209 años dice que hemos tenido 74 períodos presidenciales, indicando que 44 de ellos han sido ejercidos por militares y 20 por abogados: lo que indica que casi el 86% de los presidentes venezolanos han gobernado a través de la fuerza o conociendo cómo cuidarse de la ley.

Quien conoce la historia de Venezuela desde una perspectiva diferente es Robert Alonso. *"Desconocer la verdad te hace esclavo de las mentiras"*. Lo más difícil de la historia es corroborar esas verdades que nos han vendido los medios de comunicación social, las cuales siempre vendrán con cierta manipulación o conveniencia. Las masas buscan la verdad pero muchas de ellas no están preparadas para aceptarlas por su impacto emocional.

Robert presenta sobre nuestra historia una variedad de anécdotas que muchos desconocemos: ocultas para la mayoría de los venezolanos. Documentar esos puntos de vistas ahora es posible, ya que perdurarán para las nuevas generaciones que tengan la visión imparcial de ver siempre los acontecimientos desde varios ángulos.

Disfruten de algunas de las memorias de Robert Alonso sobre el tema venezolano y saquen Uds. sus propias conclusiones.

Eduardo E. Hurtado, MBA
Autor de "La Franquicia Cubana – Una Dictadura Científica"

PRIMERA PARTE

Estafa Doble y Agravada

"El Búfalo"

El miércoles 16 de febrero de 1983, el presidente del Banco Central de Venezuela, **Leopoldo Díaz Bruzual**, también conocido por su remoquete de "El Búfalo", se dirigió a la nación asegurando que no habría devaluación del bolívar – hasta entonces – una de las monedas más estables y fiables del planeta Tierra, la cual había mantenido la tasa cambiaria de Bs. 4.30 por US dólar desde la segunda década del siglo XX.

Estábamos acostumbrados a que cuando un ministro salía en la televisión, asegurando cualquier cosa, sucedía todo lo contrario. Si un alto funcionario de cualquier gobierno en Venezuela, aseguraba que no habría escasez de azúcar, por ejemplo: ¡al otro día escaseaba!

Eladio Larez en 1983

Esa misma noche, ya tarde, llamé a **Eladio Larez**. *"¡Eladio!"* – le grité por el teléfono – *"¿escuchaste al "Búfalo?"* **Eladio** estaba ya medio-dormido, pues se acuesta con las gallinas. Le expliqué los comentarios de **Díaz Bruzual** con respecto a la imposibilidad de una devaluación del bolívar. El entonces-presentador del famosísimo programa "¡Lo Increíble!", le creyó al entonces-presidente del Banco Central de Venezuela y me deseó buenas noches.

Al día siguiente, jueves 17 de febrero, no fui a trabajar. Era el productor, guionista, editor, musicalizador y director del mencionado programa – "¡Lo Increíble!" – sobre el cual hablaré más adelante. Estuve todo el día tratando de sacar una inversión que tenía colocada en la mesa de dinero del Banco Latino (entidad bancaria que más adelante estafaría a miles de venezolanos), con la intención de convertir aquellos bolívares en dólares. Me fue imposible. Había un verdadero "pandemónium bancario" en toda Venezuela. El único que le hizo caso al "Búfalo" fue **Eladio José Larez Villamizar**, cuyo mayor logro en su vida fue el de casarse con **Dora Margarita D'Agostino**, hija de un importante magnate italo-venezolano, quien tenía influencia en casi todos los estamentos de las fuerzas vivas de Venezuela, incluyendo a Radio Caracas Televisión, donde su yerno terminó de gerente.

Eladio Larez y su esposa

Ya se venía hablando en los medios de comunicación social sobre los factores que hacían inminente la – entonces impensable – devaluación de la moneda nacional. No hacía mucho Venezuela había salido del patrón oro, un sistema que fija el valor de la unidad monetaria en términos de una determinada cantidad del precioso metal. Se decía que en ese país, lo único barato era el dólar estadounidense. Había comenzado una etapa de descalabro entre el gasto público y los ingresos del Estado, situación ésta que empeoró y se hizo patente con la caída de los precios del crudo, la cual llevó a las exportaciones petroleras venezolanas de 19,300 millones de dólares en 1981 a casi 13,500 millones en 1983, lo que significó una caída del 30% y el inicio de la crisis de la deuda en la América hispana. Este conjunto de eventos produjo una fuga de capitales en Venezuela de casi 8 mil millones de dólares, lo que se tradujo en un importante descenso de las reservas internacionales. Cuando "El Búfalo" aseguró por televisión que no habría devaluación: ¡no le creí!

El viernes 18 de febrero de 1983: ¡reventó el llamado "Viernes Negro"! El bolívar amaneció al cambio de unos 6 por US dólar. ¡Era el acabose! De ahí en adelante se fue devaluando paulatinamente. Esa devaluación constante del bolívar, las complicaciones con el pago de la deuda externa, el acelerado deterioro del poder adquisitivo y la implantación de un control de cambio llamado "Régimen de Cambio Diferencial" (RECADI), el cual se implementó el 28 de febrero de aquel mismo año (durante el gobierno de **Luis Herrera Campins**) y se eliminó el 10 de febrero de 1989 (durante el gobierno de **Jaime Lusinchi**),

hicieron desaparecer la estabilidad cambiaria de la otrora moneda fuerte venezolana. La verdadera emoción comenzó tres quinquenios más tarde, con la llegada de **Hugo Rafael Chávez Frías** a Miraflores. Para el momento de publicar este trabajo, junio de 2020, luego de haberle quitado varios ceros a la piltrafa de moneda en la que se terminó convirtiendo el bolívar, el cambio estaba (según "Dólar Today") a 207 mil bolívares por US dólar.

Luis Herrera Campins

Jaime Lusinchi

Muchos que tenían viviendas de veraneo en el exterior, terminamos perdiéndolas. En nuestro caso, teníamos un "townhouse" en Miami. Cuando la tasa cambiaria se elevó a más del doble de su partida inicial, a muchos se les hizo imposible cumplir con la hipoteca y tuvieron que optar por un "short sale", es decir: venderla por el saldo que le debían al banco, que no fue nuestro caso.

Se hizo popular el "cambalache" de viviendas. Hubo quienes cambiaban sus casas en Estados Unidos por una

Nuestro townhouse de Miami

vivienda en Venezuela: ¡pelo a pelo! ¡Fin de mundo! Sin embargo, con el pasar de los años, el país fue empeorando. El gobierno de **Jaime Lusinchi** (1984-1989) fue un verdadero "paquete chileno", donde se raspó la olla mientras se les vendía a los pobres venezolanos aquello que se llamó "El Milagro Lusinchi". Como el gobierno de **Lusinchi** fue tan "productivo", lo sucedió **Carlos Andrés Pérez** – "El Caminante" – en su segundo mandato (1989-1993). "CAP" no pudo terminar su gobierno, porque su propio partido – Acción Democrática – le dio un "golpe de estado constitucional", acusándolo de corrupción y de otros delitos menores. El mayor delito de "El Gocho", sin embargo, fue el de gobernar con individuos que no estaban afiliados a su partido, intentando poner orden en la desastrosa economía heredada de sus predecesores, **Luis Herrera Campins** y **Jaime Lusinchi**.

Carlos Andrés Pérez, vale decirlo, no fue un "niño de pecho". En su primer gobierno (1974-1979), Venezuela atravesó un período de "vacas gordas", ganándose el título de "La Venezuela Saudita", escenario económico que **Carlos Andrés** no supo aprovechar, dejando que el desmedido derroche y la galopante corrupción se apoderaran de la economía venezolana. Jamás se intentó "sembrar el petróleo", como sugería el **Dr. Arturo Uslar Pietri** y en lo político, ya al final de su primer gobierno, firmó – a instancias de **Fidel Castro** – el "Acuerdo de Reunificación de la Familia Cubana en Venezuela", que inundó a ese país de infiltrados castristas, generando el génesis de la gran desgracia de la nación más prometedora de la entonces-América hispana.

Carlos Andrés Pérez

Cialón International

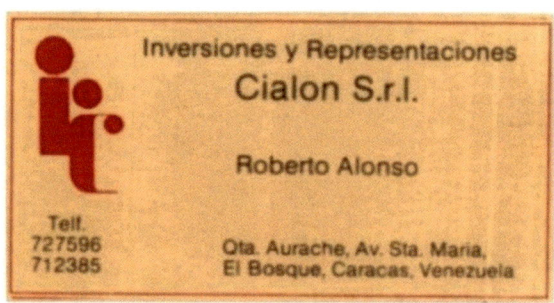

En julio de 1980 nos mudamos a Miami para manejar desde allí, la empresa "Cialón Srl" (Cisneros-Alonso), fundada un año antes entre **Antonio José Cisneros Rendiles** y quien suscribe.

Antonio José – "Tony" – era hijo de **Don Diego Cisneros** (Diego de Jesús Jiménez de Cisneros y Bermúdez). Este último, nacido en La Habana (Cuba), el 27 de septiembre de 1911, era hijo de un dentista cubano (**Diego Jiménez de Cisneros y Govantes**) y de una venezolana llamada **María Luisa Bermúdez Martínez**.

A la muerte de su padre, en 1914, **Don Diego**, su madre y su hermano **Antonio**, comenzaron a hacer planes para mudarse a Venezuela, llegando a ese país 4 años más tarde: en 1918. No se quedaron en Venezuela por cuestiones económicas y se establecieron en Trinidad, donde **Don Diego** culminó sus estudios de bachillerato. En 1928, los hermanos **Cisneros**, que en realidad se apellidaban **Jiménez de Cisneros**, regresaron a Venezuela, donde **Don Diego**, de 17 años de edad, se colocó en el Royal Bank of Canadá, aprovechando sus conocimientos del idioma inglés.

Hay muchas versiones sobre cómo **Don Diego** hizo su fortuna. A continuación contaré la que escuché de boca de su hijo, **Antonio José Cisneros Rendiles**, "Tony", mi socio, amigo y compadre.

En 1938, **Don Diego** – de regreso a Venezuela – se casó con una joven venezolana llamada **Albertina Rendiles Martínez**, quien – coincidencialmente – era la hija del administrador de los tranvías en la Caracas de entonces. Ya se hablaba, en voz baja, de la eliminación de los tranvías en Venezuela para darle paso a los autobuses. El "run-run" llegó a oídos de **Don Diego**, gracias a su suegro y se le ocurrió una idea más-que-genial: ¡comprarse el primer autobús que llegaría al país!

La leyenda asegura que ya **Don Diego** tenía un camión de volteo, el cual convirtió en autobús, pero según su propio hijo, **Antonio José**, su padre importó el chasis con motor de un vehículo que convertiría en autobús.

Don Diego Cisneros

Como no tenía asiento de conductor, **Don Diego** se vio en la necesidad de conseguir una caja vacía de manzanas y así lo pudo subir, por la carretera vieja, a la ciudad capital de Caracas, donde logró agregarle una cabina y todos los

Autobús de Don Diego y Antonio

1940, frente al Obelisco de la Plaza Altamira, un autobús de la ruta San Francisco-Plaza Sucre, que regentaban los Cisneros

asientos pertinentes, incluyendo – por supuesto – el asiento del chofer. Esta versión de la historia, como muchas otras, me la corroboró el propio hermano de **Albertina**, "Don Pancho" (**Francisco**) **Rendiles**, miembro del Club

Tranvía caraqueño

Playa Azul, donde mi suegro era socio, en el cual pasé casi todos los fines de semanas de mi vida, desde que me casé con "**Siomi**" (en 1974), hasta que abandonamos Venezuela en el año 2004. A partir de aquel primer autobús, **Don Diego** y su hermano **Antonio**, lograron una flota de varios centenares de unidades y – por un tiempo bastante prolongado – el monopolio del transporte público caraqueño.

Así **Don Diego** se le adelantaría a los acontecimientos, es decir: ¡al cierre de los tranvías en Caracas! Ese, digamos, fue el primer gran "golpe de suerte" en la vida adulta de **Diego Jiménez de Cisneros y Bermúdez**, un cubano-venezolano quien moriría en Caracas el 15 de julio de 1980, a los 69 años de edad, luego de amasar una impresionante fortuna, con la necesaria ayuda de un capital humano que él supo cosechar, entre quienes se encontraba parte de la crema y nata de los cubanos anti-castristas que iban abandonando la Cuba de los hermanos Castro a partir de 1959.

En 1940, **Don Diego** da su segundo gran "golpe de suerte", cuando logró adquirir unas acciones de una empresa propietaria de la franquicia para producir y distribuir Pepsi-Cola en Venezuela. La fabulosa historia en torno a estos eventos ha estado sujeta a versiones, fantasía y mitos. La verdad podría estar contaminada por la leyenda, lo que daría pie para un libreto digno de una película de Hollywood.

Don Diego y su hermano **Antonio** habían vendido la importante flota de autobuses en el año 1939, lo que les produjo suficiente dinero como para invertirlo en las acciones de la empresa propietaria de la franquicia para producir y distribuir Pepsi-Cola en Venezuela, pero no eran los dueños mayoritarios de las acciones. Entonces a **Don Diego** – según esta versión contada por su hijo "Tony" – se le ocurrió otra fabulosa idea. Los obreros de la empresa estaban afiliados a un sindicato liderado por un individuo de apellido **Monsanto**. **Don Diego** propuso la creación de un "conflicto laboral" el cual, al parecer, no tendría "compón", ya que iría en franca escalada.

Embotelladora de la Pepsi en Barcelona

Los socios, abrumados por el conflicto, decidieron vender sus acciones, que fueron compradas por un tercero "ajeno" a **Don Diego** y **Antonio**. Un vez que la totalidad de las acciones quedó en manos de los hermanos **Cisneros**, asociado con el sindicalista **Monsanto**, cesó el "conflicto laboral" y Venezuela se convirtió en el país del mundo donde la Pepsi-Cola se consumía más que la propia Coca Cola. Ya muerto mi socio, amigo y compadre – "**Tony**" **Cisneros** – quise corroborar la historia con su tío "**Pancho**" y su evasiva respuesta fue la siguiente: "... *sí, algo de eso hubo*".

La Pepsi-Cola fue el gran trampolín para todo lo demás: la representación de la Studebaker en Venezuela, la National Cash Register, el Miss Venezuela, Digitel, Venevisión, Galerías Preciados (de España), Helados Tío Rico, Automercados CADA, O'Caña y de ahí: "¡al infinito y más allá!" Se creó la "Organización Diego Cisneros", dirigida por el heredero empresarial de **Don Diego**: **Gustavo Cisneros Rendiles**, con un 25% de "sangre cubana", no como creen muchos, que **Gustavo** es cubano. Llegada la "revolución bolivariana", el "Grupo Cisneros" (al que le sacaron el nombre de **Don Diego**) se plegó a los **Castro**, traicionando así a la Venezuela donde surgieron todos ellos.

11

El matrimonio **Cisneros-Rendiles** tuvo 8 hijos: **Diego Alberto** (1939), **Marión** (1940), **Carlos Enrique** (1942), **Gustavo** (1945), **Ricardo José** (1947), **Antonio José** (1953), **Javier Gerardo** y **Ana**.

Familia Cisneros-Rendiles

Gustavo y **Ricardo** manejaban el tinglado, el resto de los hermanos estaba en la periferia. **Gustavo** se casó con **Patricia Phelps** (hija del magnate **William W Phelps**) y tuvieron cuatro hijos: **Adriana**, **Andrés**, **Carolina** y **Guillermo**; siendo **Adriana** – la mayor – quien heredó la batuta de su padre **Gustavo Alfredo** y hoy está al frente de la "Organización Cisneros".

Don Diego Cisneros flanqueado por Carlos Andrés Pérez y Don Rómulo

Los **Cisneros**, desde **Don Diego** a **Gustavo**, siempre supieron arrimarse al poder. Con la ayuda de **Don Rómulo Betancourt**, **Don Diego** pudo adquirir lo que luego Venezuela conoció como "Venevisión" y con la ayuda de los

Uno de los automercados CADA de Caracas, en 1972

Automercado Cada, Caracas, 1972

Rockefeller, se logró la asociación con la cadena de "Automercados CADA". Como ya he dicho arriba, con la llegada de la tiranía castrista a Venezuela, los **Cisneros** se arrimaron a **Chávez** y luego a **Maduro**.

Gral. Miguel Rodríguez T

El 9 de mayo de 2004, nuestro hogar – "La Finca Daktari" – fue invadida por el régimen de los **Castro** en Venezuela. **Gustavo Cisneros** tenía una propiedad por la zona llamada "Hacienda Carabobo". Al día siguiente, la finca nuestra fue entregada a una chusma que el **General Miguel Rodríguez Torres**, entonces-director de la DISIP (hoy SEBIN) – por órdenes directas del **General Raúl Isaías Baduel** (el entonces-comandante general del ejército) – se trajo en autobuses desde los bloques del "23 de Enero". Nuestra finca fue confundida, en un principio, con la hacienda de **Gustavo** y alguien en una de las paredes de la entrada escribió: "¡*Cisneros, corran malditos!*". Al reventar el escándalo, **Gustavo Cisneros** fue implicado en el famoso caso de "Los Paracachitos". Una de las oficinas de Venevisión y dos haciendas de **Gustavo**, entre ellas la "Hacienda Carabobo" cercana a la "Finca Daktari", fueron allanadas por la DISIP. Tuvo que interceder ante **Chávez** el ex presidente estadounidense, **Jimmy Carter**, para "calmar los ánimos" en favor de los **Cisneros**. La reunión se llevó a cabo en una instalación militar. Al siguiente domingo, en un "Aló Presidente", **Hugo Chávez** recalcó: "*no haré concesiones políticas, ni pactos con sectores de oposición porque sirven a los intereses antipatrióticos de Estados Unidos*". A partir de aquella reunión convocada por el "Centro Carter": ¡los **Cisneros** se volvieron chavistas!

Gral. Raúl Isaías Baduel

El propio ministro de la defensa, el **General Jorge García Carneiro**, en compañía del ministro del interior, justicia y paz – **General Lucas Rincón** - supervisaron el saqueo y la total destrucción de nuestra "Finca Daktari", la cual

Grafiti dejado en el muro de entrada de nuestra "Finca Daktari" el 9 de mayo de 2004

fue reducida a polvo y escombros. Siguiendo instrucciones directas y expresas de **Hugo Chávez**, el **General Raúl Isaías Baduel** ordenó masacrar a más de treinta seres humanos, incluyendo a dos niños de 12 y 10 años, hijos del caporal de nuestra finca, quienes fueron degollados, de manera muy espantosa, con un machete sin filo.

Con los años, el **General Baduel** cayó en desgracia por haber dejado fuera a **Hugo Chávez**, en un negocio de ganado y fue encarcelado, no como dicen muchos que rompió con **Chávez** porque éste era muy "desordenado y bochinchero". Desde la cárcel, **Baduel** se promovió como la salvación de Venezuela. Me dediqué a combatirlo duramente. Lo acusé, en varias oportunidades de genocida y de comunista rancio y radical, exponiendo su íntima y cómplice relación con el ideólogo marxista-leninista alemán-mexicano, **Heinz Dieterich** cuyo prólogo del libro (publicado por **Dieterich**), "Hugo Chávez y El Socialismo del Siglo XXI", lo escribió Baduel. (Visitar la www.miamipocket.com/zello.html).

Baduel y Castro conspirando en Cuba contra Venezuela

Baduel visitó Cuba infinidades de veces, solicitado explícitamente por el mayor genocida del Caribe: **Fidel Castro Ruz**. ¿Qué trataron Baduel y Castro en esas reuniones? Jamás el pueblo de Venezuela ha podido conocer de las conspiraciones del general venezolano con el tirano que terminó adueñándose de la patria de Bolívar. ¿En qué medida ayudó **Baduel** a la total y absoluta destrucción de su propio país?

Frente a mis denuncias, **Baduel** y su hijo – **Raúl Emilio** – me atacaron acusándome de cocainómano. Jamás respondieron mis ataques en el plano político. Es muy fácil acusar a alguien de narco-dependiente sin mostrar la más mínima prueba. Es más, los regímenes de **Chávez** y de **Maduro** me han atacado por todos los flancos posibles y jamás han esgrimido tal acusación personal. Guarde Dios a Venezuela y no permita que el **General Raúl Isaías Baduel** llegue a tener inherencias en la reconstrucción de ese país, de lograr su libertad algún día.

14

La Reacción de Baduel y Familia

Ante las acusaciones hechas a Baduel por Robert Alonso en su conservatorio del lunes 24 de agosto de 2015, tanto el General Baduel como su hijo, reaccionaron de una manera impresionante. No respondieron... no aclararon si la foto que se publica del general con el Genocida Mayor en Cuba es genuina. No advirtieron que el prólogo que aparece en la "obra" de Dieterich, atribuido Raúl Isaias NO fue escrito por él. No aclararon si todavía el General Baduel cree en el marxismo, tal y como lo demostraba en el año 2007 cuando escribió el mencionado prólogo, el cual - al parecer - sí fue escrito por él.

En lugar de aclarar, de explicar... el General Raúl Isaías Baduel y su hijo, atacaron a Robert Alonso en el plano personal, alegando que es cocainómano:

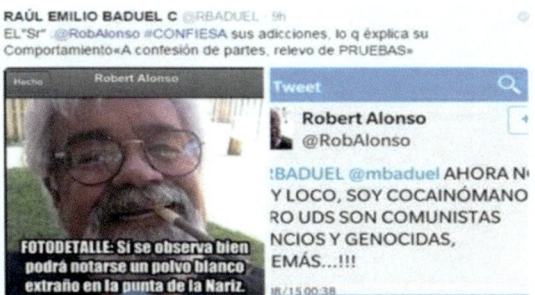

Por supuesto, el que Robert Alonso sea cocainómano o no, no justifica la ideología, supuestamente-marxista, del General Baduel, ni su sumisión a los Hnos. Castro... ni su traición a Venezuela. Es un tema válido, en el caso de abrirse un debate sobre el proceder personal y privado de Robert Alonso: material para otro tema, otro tópico... otra historia.

Al ser acusado de cocainómano, Robert Alonso le respondió a Baduel: "**Ahora no soy loco, ahora soy cocainómano... pero Uds. son comunistas rancios y genocidas, además...!!!**" Esto le sirvió a Baduel para volver a acotar: "**Robert Alonso confiesa sus adicciones, lo que explica su comportamiento. A confesión de partes, relevo de pruebas.**"

El Gral Baduel se ha excusado detrás del respeto a la constitución (a la Bicha). Alega que ayudó a regresar al poder a quien entregó Venezuela a los Castro, basado en el respeto y al apego a la constitución. Le recordamos al Gral. Baduel el artículo 60 de esa constitución que él dice defender, observar y respetar"

Los "paracachitos" de Daktari

15

Becky y Tony

Una mañana del año 1978, bien temprano, mientras esperábamos bajo un kiosco (tipo bohío/churuata) frente a la Cabaña 29 de Playa Azul a que nos trajeran una arepitas dulces de la cafetería, "**Siomi**" vio que por la ribera de la playa venían **Antonio José Cisneros Rendiles** con **Rebeca Raue Bolívar**, ésta última, descendiente de unos de los hermanos o primos hermanos del Libertador **Simón Bolívar**. La ascendencia nunca nos quedó clara, aunque en la casa de **Rebeca** – "**Becky**" – había muchísimas "reliquias" pertenecientes a la "familia real venezolana". Era una familia, la de **Rebeca**, de "abolengo", pero venida a menos económicamente. El padre de "**Becky**" – **Ralph** – era un alemán de apellido **Raue**, chef del Waldorf Astoria de Nueva York, muy simpático y sencillo, por cierto.

"**Siomi**" me dijo: "*… mira, por ahí viene Becky con su esposo, Antonio José, hermano de Gustavo Cisneros*". Ni corto ni perezoso, le pedí a "**Siomi**" que los llamara para que compartieran con nosotros las arepitas dulces, famosas en todos los clubes del litoral central y, de paso: conocerlos. Mi abuelo, **Don José Alonso Fernández**, QEPD, me había enseñado que los mejores activos que pudiera uno tener, eran las buenas relaciones. **Antonio José Cisneros Rendiles** y **Rebeca Raue Bolívar de Cisneros**, para mí, un muchacho de 24 años de edad: ¡eran unas buenas relaciones!

"**Becky**" y "**Tony**", al igual que "**Siomi**" y yo, tenían poco tiempo de casados. Él venía de haber completado en Estados Unidos una especie de maestría en administración de automercados. "**Siomi**" los llamó y los invitó a

sentarse con nosotros bajo el amparo del kiosco que teníamos frente a la Cabaña 29, propiedad de mi suegro, **Joffre Etcheverry**. ¿De qué íbamos a hablar? La noche anterior, "**Siomi**" y yo habíamos cenado en el "Avila Tei", un restaurante japonés (el más famoso restaurante nipón en la Venezuela de entonces, propiedad del chef **Fusao Enomoto**, quien hace unos años abrió un extraordinario restaurante en Miami llamado "Sushi Chef", en la 3100 Coral Way), el cual estaba muy de moda, así que les pregunté si a ellos les gustaba la comida japonesa, con la intención de invitarlos al comenzar la semana. Resultó que les encantaba.

La prima hermana de "**Siomi**" – **Madeleine** – estaba casada con un "polaco" (un cubano de descendencia rumana), llamado **Johnny Davidovitz**. En Cuba a todos los europeos orientales se les llamaban "polacos", así como a todos los españoles: "gallegos". Al llegar la revolución, **Fidel Castro** armó un ejército de chivatos en su provincia natal de Oriente. Estos orientales castristas eran enviados a La

Fusao Enomoto - Executive Chef & Owner

Habana para infiltrarse y delatar a los habaneros contra-revolucionarios. A los orientales que se mudaban a La Habana, como chivatos o para buscar una mejor calidad de vida, les decían "palestinos". Hay que recordar que en la isla de los Castro, para mudarse de una provincia a otra había que obtener un permiso temporal, usualmente por el lapso de 6 meses. El apodo de "palestinos" dicen que proviene porque al igual que los palestinos intentaban cruzar la frontera para erradicarse en Israel, los orientales hacían lo mismo para instalarse en La Habana. El caso es que a los orientales, en La Habana, les llamaban o les llaman "palestinos".

ESTAFA DOBLE AGRAVADA – ROBERT ALONSO

Johnny, a quien en la familia le llamábamos "El Polaco", resultó ser un "tártaro". Consiguió una representación de máquinas japonesas para el conteo rápido de billetes, las cuales comercializaba en los bancos de Venezuela. Iba mucho a Japón y fue él quien nos invitó, por primera vez, al "Ávila Tei".

Como buen judío, **Johnny** no se conformó con las máquinas de contar billetes que importaba de Japón. Entonces decidió ampliar sus negocios y se metió con la fábrica en Venezuela de los "Cauchos (neumáticos) Firestone". Alguna trampa les hizo a los "gringos" que terminó con unas cuantas decena de miles de dólares mal habidos.

Con ese dinero "sobrante", comenzó una especie de "Esquema Ponzi", donde recibía dinero de los incautos, "los invertía" y les retribuía con altos intereses. Uno de esos ingenuos resultó ser su gran amigo de farras: mi hermano **Ricardo**, abogado especializado en derecho mercantil. Llegó un momento en que a **Johnny** se "le trancó el serrucho" y, como advirtiera nuestro padre en su momento: ¡explotó!

En adición a estas mañas, **Johnny** era adicto al juego y le gustaba "empinar el codo". Total que un buen día le fueron a embargar todos los muebles de su casa. Gracias a nuestro padre, pudo solventar la situación. Creíamos que se trataba de un caso aislado. Cuando llegó el momento para que mi hermano retirara sus "intereses", producto de su inversión en la trácala de **Johnny**, éste "le jugó cabeza" y comenzó a darle mil excusas, hasta que ya no pudo más.

Mi fallecido suegro, Joffre Etcheverry, con sus compañeros de kárate

Paralelo a la trácala que **Johnny** tenía con "las inversiones", los abogados de la Firestone comenzaron a acorralarlo, e incluso, a acusarlo de estafa. Por su lado, mi hermano le introdujo una demanda para embargar su oficina y otros bienes conocidos, para lo cual le pidió a su socio abogado que llevara el caso.

Un día, ya cuando **Johnny** estaba a punto de recibir un auto de detención y el tribunal donde mi hermano había introducido la demanda y su socio abogado estaban en su oficina, **Johnny** lo llamó por teléfono para decirle que él le respondería con la condición que mi hermano se hiciera presente en su empresa, a lo que mi hermano se negó.

Ante la negativa de **Ricardo**, **Johnny** se excusó con las autoridades del tribunal y pidió que le permitieran un momento a solas en su oficina para poner en orden unos documentos. Fue entonces cuando se escuchó el disparo. Se había volado la tapa de los sesos.

De haber acudido mi hermano **Ricardo** a la cita: ¡**Johnny** se lo hubiera llevado con él al más allá!

Ricardo le aconsejó a la familia de "El Polaco" que repudiara la herencia para no tener que correr con las deudas del difunto, quien había fallecido camino al hospital. Lo llevaron a la ambulancia sentado sobre su silla ejecutiva de ruedas, echando chorros de sangre por la herida. Luego de abrir la caja fuerte del suicida, lo único que encontraron fue una caja de balas y unas viejas fotos de Cuba. Más tarde nos enteramos que en el Caracas Theater Club, del cual era socio, había dejado unas millonarias deudas de juego. Le gustaba el póker. Los "gringos" no cobraron ni un solo dólar. Lo único que tenía de valor era un extraordinario Mercedes Benz, que se lo debía casi todo al banco.

Meses después el fantasma de **Johnny** comenzó, según una de sus hijas, a aparecerse en el apartamento de la familia, donde disfrutaba tocándoles las nalgas a quienes visitaban a su viuda.

Total que gracias a **Johnny** conocimos el "Restaurante Ávila Tei" y gracias a él logramos comenzar una muy buena relación con quien sería nuestro gran amigo, socio y compadre: **Antonio José Cisneros Rendiles**.

Cuando me hice novio de "**Siomi**", mi suegro – quien era un fanático del kárate y llegó a obtener el 5to dan en esa disciplina deportiva, me invitó a que me registrara en su gimnasio, propiedad de un simpático y famoso japonés llamado **Shoko Sato**. Me inscribí para congraciarme con mi futuro suegro, de lo cual muy pronto me arrepentiría.

Una vez llamé "chino" a **Shoko Sato** y me dio una tunda de patadas que me dejó turulato, pero con el tiempo terminamos muy buenos amigos. De hecho, 41 años más tarde cenamos juntos en el restaurante de su gran amigo, el **Chef Enomoto**, en su restaurante de Coral Way en Miami.

"Siomi" con el sensei Shoko Sato en el fabuloso restaurante del Chef Enomoto, en la Coral Way de Miami

El "Ávila Tei" llegó a convertirse en el restaurante favorito de nuestra familia. Por lo menos una vez al mes cenábamos ahí con los padres de "Siomi", hasta que **Enomoto** y su señora decidieron abandonar Venezuela.

Regresando al año 1978 y buscando mayor conversación con **Rebeca y Tony** sobre un tema que sabía nos era de interés común (la comida japonesa), se me ocurrió decir que yo era experto en cocinarla. Esto llamó la atención de ambos, ya que el padre de "Becky" era un renombrado chef en la ciudad de Nueva York y, por cierto, estaba por llegar a Venezuela en un par de semanas. A "Tony" se le ocurrió preguntarme si yo tendría inconveniente en prepararle una cena japonesa a su suegro. Por supuesto: ¡acepté la propuesta de inmediato! El problema radicaba en que yo no sabía ni hacer croquetas cubanas, mucho menos las suculentas croquetas japonesas de langosta y cangrejo.

"Tony" y "Becky" quedaron tan impresionados, que ese fin de semana lo pasamos juntos en Playa Azul, sellando nuestra amistad en el "Bar K", frente a unas suculentas langostas al termidor que el restaurante de lujo del club preparaba. Invitándolos, me había endeudado más allá de mi presupuesto, pero lo consideré una buena y necesaria inversión: ¡como en efecto resultó ser!

18

Croquetas japonesas

"**Siomi**", quien todavía no se había acostumbrado a mis locuras, me preguntó – ¡alarmada! – cómo haría para aprender a cocinar la tan-exótica gastronomía japonesa, como los sushis, la témpurá... y las deliciosas croquetas de langosta y cangrejo. Le respondí que tuviera fe en mí, aunque – a decir verdad – yo me hacía la misma pregunta.

Lo primero que se me ocurrió fue irnos ese mismo lunes al "Avila Tei", para hacer "labor de inteligencia", a sabiendas de que los japoneses son muy parcos, misteriosos y discretos. Pedimos una témpurá de mariscos con vegetales y nos sentamos en la barra donde un japonés, que no hablaba una papa de español, las preparaba. Con la ayuda de uno de los japoneses que machucaba nuestro idioma, nos fuimos orientando al respecto. Más o menos conocimos a qué temperatura debía estar el aceite antes de echar los ingredientes y, sobre todo, cómo preparar la mezcla. La información obtenida era "primaria" y "parcial", pero había que probarla y lo hicimos, al día siguiente, en el apartamento de mis suegros en el Edf. Mayflower de la Ave. San Juan Bosco de Altamira... en Caracas.

En la mañana del martes me aparecí con un "wok", un litro de aceite de freír y un termómetro, además de todos los ingredientes pertinentes: harina, langostinos, brócolis, etc. Calenté el aceite mientras hacía la mezcla, pero cuando eché los ingredientes en el aceite, aquello comenzó a explotar, al punto de tener todos que abandonar la cocina corriendo, incluyendo a la cocinera de mi suegra, quien me había advertido que se producirían las explosiones. Había aceite hasta en el techo. El experimento no había funcionado, lo que nos obligó a regresar al "Avila Tei" para rectificar varios "datos", luego de verme obligado a pintarle la cocina entera a mi suegra.

Tèmpurà

Al final descubrimos cuál era el problema y lo subsanamos. De vueltas al apartamento de los suegros, quienes siempre fueron extremadamente cooperantes, pacientes y veniales. Al fin funcionó y logramos la témpurá, que en japonés se pronuncia con dos acentos: "témpurá". No que tenía que aprender a hablar japonés, pero lo menos que podía hacer era pronunciar correctamente los nombres de los platos nipones que le prepararía al **Chef Ralph Raue**: ¡en unos días!

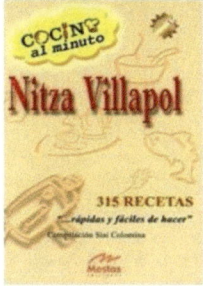

Con las croquetas no tuvimos mayores tormentos. Mi suegra se había traído de Cuba un libro de **Nitza Villapol**, la equivalente cubana a **Armando Scannone**, quien explicaba – perfectamente bien – cómo se hacen las croquetas. Era cuestión de cambiar el jamón y el pollo, por langosta y cangrejo. Además, en 1973 había trabajado

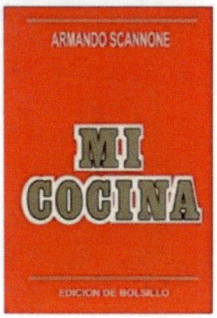

haciendo salsa bechamel en uno de los mejores restaurantes del mundo, el "Maxim's de París" y en materia de salsa bechamel, ni **Villapol** ni **Scannone** me ganaban. Las croquetas se hacen con una especie de bechamel espesa.

Llegó la noche de la cena que se llevó a cabo en el Edf. Portal La Corniche, donde vivían "**Tony**" y "**Becky**", al norte de Altamira, pegado al Cerro del Ávila. Previamente, unos días antes, "**Tony**" me había preguntado qué me haría falta para prepararle la cena a su suegro. Le dije que solamente necesitaba langostas y cangrejos. Para mi sorpresa, "**Tony**" mandó un Citation de SAECA (la empresa aérea del "Grupo Cisneros"), a la isla de Aruba, a un costo de unos $ 4mil la hora de vuelo, para traer lo requerido y otras cosas más. Fue la primera vez que contemplé la opción del suicidio. Si la cena me salía mal no me hubiera quedado otra que suicidarme, pues habría matado la gallinita de los huevos de oro y echado al basurero una cena que costaría miles de dólares... ¡pero todo salió bien!

El **Chef Ralph Raue** resultó ser un alemán simpatiquísimo y muy "sangre liviana". Habiendo estudiado en Alemania, lo primero que hice fue recibirlo en "perfecto" alemán, lo que impresionó al personaje a agasajar.

Como "pinche de cocina" tenía a tres "cachifas" (domésticas o empleadas de servicio) de "**Tony**", incluyendo a la cargadora de **Fernandito**, el único hijo del matrimonio **Cisneros-Raue**. Estaba en mi ambiente: imaginándome el chef principal del "Maxim's de París". Con unos cuantos tragos encima, tal cosa no era imposible y, además, la confianza en mí mismo se había disparado al infinito.

"**Siomi**" preparó la mesa para ser servida a la rusa, a pesar de que estábamos comiendo japonés. Se nos pasó por alto cómo era el protocolo nipón, aunque sí hicimos hincapié en proveer a los comensales con "palitos chinos" plásticos, que fueron los únicos que pudimos conseguir en una tienda china que quedaba frente a lo que entonces era Sears, en Bello Monte. En esa tienda también conseguí unos

Waldorf Astoria

"pinchos" de chef como el que utilizaba el japonés que preparaba las témpuras en el "Ávila Tei". Como no sabía utilizarlos, decidí pedirle al japonés que me enseñara. Mientras practicaba frene a él en la barra, un camarón se me salió de los "pinchos" y aterrizó en el sombrero del nipón, quien con una cara de no-muy-buenos amigos, me lo regresó al plato, tremendamente contrariado.

El japonés que cocinaba témpurá en el Ávila Tei se ponía una banda de tela alrededor de su cabeza, la cual le ofrecí comprar a cualquier precio. Al final, luego de una excelente propina, me la regaló y cuando comencé a cocinar en el apartamento de "**Tony**" me la puse, explicando (inventando), que esa banda nos las poníamos los chef japoneses para invocar a los dioses taoístas: ¡puro cuentos chinos!

Total que la cena quedó de rechupete, al punto en que el **Chef Ralph Raue** me invitó para que preparara una cena japonesa especial en el Waldorf Astoria de Nueva York. De no haber sido por "**Siomi**", que me bajó de la nube (como siempre), hubiera acudido a la invitación, previamente aceptada. Al llegar a la casa esa noche, "**Siomi**" me preguntó: "*¿...cómo carajo te vas a presentar en el Waldorf Astoria como chef japonés si lo único que medio-sabes hacer es témpurá y unas croquetas cubano-japonesas que aprendiste a hacer con la* *ayuda comunista llamada Nitza de una cubana Villapol?"* En los momentos de mis mayores locuras siempre he contado – a Dios gracias – con la estabilidad emocional y mental de mi esposa: ¡**"Siomi"**!

Por cierto. En un viaje que hice de Calais (Bélgica) a Dover (Gran Bretaña) en un ferry, me dieron a probar un licor de mandarina de Grand Marnier: ¡fabuloso! Fue en el año 1972. Me compré una botella que me acompañó durante meses en Aberdeen, Escocia, donde entonces estudiaba. Jamás había podido encontrar tal exquisitez. Al culminar la estupenda cena japonesa que le preparé al **Chef Ralph Raue**, "**Tony**" me preguntó qué quería de "pus café". Le pregunté qué tenía para ofrecerme y me respondió que cualquier cosa: ¡lo que yo quisiera! Entonces le dije: *"…quisiera un trago de Grand Marnier de mandarina en las rocas".* ¡Increíblemente: ¡eso fue lo que recibí! Resultaba que los **Cisneros** tenían un negocio de importación de bebidas alcohólicas llamado "O'Caña" y recibían cualquier cantidad de muestras de casi todos los licores y bebidas espirituosas del mundo. "**Tony**", en su apartamento, tenía un cuarto "full" de esas muestras y no le fue difícil cumplir con mis deseos, después de todo: ¡me había convertido en su chef particular!

Grand Marnier de mandarina

Después de aquella cena, se produjeron muchas más. Cada vez que "**Tony**" tenía un compromiso especial, me pedía – muy respetuosamente – que lo ayudara a quedar bien. Además, "**Tony**" no era una persona muy elocuente y vio en mí una manera de llegarles a sus invitados en la necesidad de él tener que explayarse con cuentos y anécdotas. En eso nadie me ganaba y en la sobremesa era yo quien entretenía a los comensales. Poco a poco fuimos forjando una amistad que culminó en una sociedad de responsabilidad limitada: "Cialón Srl" (Cisneros-Alonso).

Papitas Dauphine

Un día ya de socios, "**Tony**" me llamó casi en la madrugada, para decirme que había conocido a un judío de Israel que estaba ofreciendo créditos gubernamentales en los países del Tercer Mundo. Recientemente había cenado en un discreto restaurante donde se comía estupendamente bien y era el propio para hacer negocios, llamado "El Chic Ambassador", en los Palos Grandes, propiedad de un cubano mafioso que traficaba con oro y esmeraldas. La comida era exquisita pero el restaurante – que tenía una atención extraordinaria – siempre estaba vacío, razón por la cual se prestaba para "cuadrar negocios". Fue en ese restaurante donde aprendí a hacer las deliciosas "papitas Dauphine". Hacían un "pato a la orange" insuperable. El restaurante se incluía dentro de lo que entonces conocíamos como la "nouvelle cuisine francaise".

Por esas casualidades de la vida, "**Siomi**" y yo habíamos descubierto el "Chic Ambassador" y nos había parecido extraordinario, aunque la decoración a los Luis XV, todo en rojo, era bastante cursi. Cuando nos enteramos de que el dueño era cubano, pensé que era oriundo de Pinar del Río. La segunda vez que cené en el "Chic Ambassador" fue con "**Tony**" y el banquero judío, quien prendía un cigarro tras otro y solamente tomaba agua gaseosa.

"**Tony**" era un "feliciano" que no tenía idea del valor del dinero. Un día me quedé accidentado con mi carro y no pude asistir a tiempo a una reunión de negocios. Cuando "**Tony**" se enteró de mi problema, simplemente me recomendó que me comprara un "Dodge Dart Special Edition", similar al que él le había comprado, recientemente, a "**Becky**". ¿De dónde iba yo a sacar el dinero para comprar un "Dodge Dart Special Edition"? Eso, para él, no era

Dodge Dart Special Edition 1980

21

problema… y no lo visualizaba. Luego, con el tiempo, le compré a "**Siomi**" un "Dodge Dart Special Edition": ¡para sacarme el clavo!

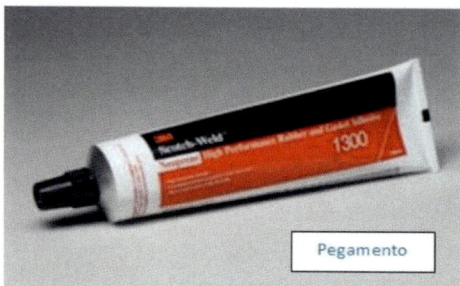

Pegamento

"**Tony**" no solía salir con dinero en efectivo encima. Si íbamos a un restaurante, él era conocido y le pasaban la cuenta a su oficina en la vicepresidencia de compras del CADA. Pero resultó que ni él ni yo éramos conocidos en el restaurante "Chic Ambassador" de Los Palos Grandes, al cual llevamos al banquero judío, quien ofrecía créditos gubernamentales mil-millonarios a muy bajos intereses, ofreciéndonos una comisión de un 1%, que – para el monto de los créditos – era una millonada inimaginable.

Recomendé el "pato a la orange" y las "papitas Dauphine": ¡todo un éxito! Tomamos champaña y al final nos trajeron una caja repleta de tabacos cubanos.

El banquero judío se estaba frotando las manos, solo que al final de la velada, cuando nos trajeron la cuenta: ni "**Tony**" ni yo teníamos cómo cubrirla. La cara del banquero judío era un verdadero poema y a mí me entró una impresionante e incontrolable risa nerviosa. Todo, al final, se resolvió cuando "**Tony**" entregó su tarjeta de presentación con su apellido ("**Cisneros**") y su cargo de vicepresidente de compras de los Automercados CADA. No había mucho qué hacer. Salimos del restaurante con nuestros respectivos rabos entre las patas y jamás volvimos a ver al banquero judío. Al día siguiente, la fiel secretaria de "**Tony**", **Aura Marina**, pagó la cuenta. De ahí en adelante, el "Chic Ambassador" se convirtió en nuestro restaurante favorito y las cuentas las pasaban al día siguiente a las oficinas de "**Tony**".

Total que "**Tony**" y yo terminamos asociándonos y constituimos, como ya he dicho, una sociedad de responsabilidad limitada llamada "Cialón SRL" (Cisneros-Alonso) con un capital de Bs. 25mil, del cual pagamos el 10% (Bs. 2,500), con la que logramos un crédito en el CADA por US $ 300 mil: ¡mi padre no lo podía creer!

A la semana, con el crédito mencionado, "**Siomi**" y yo nos fuimos a la ciudad de Chicago donde se estaba llevando a cabo la feria anual de productos de supermercados, la cual duraría cuatro días. Ya "**Tony**" había sido nombrado vicepresidente del CADA de Oriente, con sede en Puerto La Cruz. Teníamos $ 300mil para comprar "porquerías".

Papagallo

Todas las noches le reportaba a "**Tony**" desde nuestro hotel, lo que habíamos comprado, entre papagallos, pegas, yoyos y un producto que sería una "bomba" llamado "Quicky", que tenía una esponja con acetona para quitar la pintura de las uñas en segundos.

Comenzando el cuarto día de la feria, nos quedaba más de la mitad del crédito y "**Tony**" me recomendó que comprara más yoyos, más pegas y más papagayos. Con las pegas hubiéramos podido haber pegado el puente que el entonces-presidente – **Luis Herrera Campins** – había anunciado que construiría entre el estado Sucre y la isla de Margarita: ¡una verdadera locura!

Total que llenamos cuatro contenedores de 40 pies con pendejadas, incluyendo un inmenso lote de papagallos, toneladas de pegamento, de esos que se usan para pegar los avioncitos que uno armaba cuando era niño: ¡y yoyos!

Por aquellos meses se pusieron de moda los Betamax. "**Tony**", **Mariela Salvatierra** y yo, nos asociamos en el primer club de betamax en Venezuela. Mi tío **Armando Alonso** y la tía de "**Siomi**", **Yolanda de Castro**, nos grababan de la televisión de Miami los mejores programas y las mejores películas, según les íbamos ordenando de acuerdo con la información obteníamos del "TV Guide". Como todas las semanas los **Cisneros** enviaban un jet a Miami, aprovechábamos para que nos trajeran los casetes de Betamax ya grabados por ambos. Siete de esos casetes, debidamente escogidos, los metíamos en unas cajas que mandamos a hacer en una carpintería y los distribuíamos con motorizados entre nuestros clientes. El negocio funcionó a las mil maravillas hasta que murió "**Tony**" y ya no contábamos con las "colitas" en los jets de "SAECA".

Sabías del puente entre la Isla de Margarita y el estado Sucre

A todas éstas, a "**Tony**" se le ocurrió conseguir la distribución de los famosos betunes "Kiwi", de fabricación australiana, que estaba representada por una empresa estadounidense cuya sede se encontraba en el estado de Pennsylvania. Me pidió que me entrevistara con el C.E.O. de dicha empresa para lograr la distribución de "Kiwi" en Venezuela, a través de "Cialón SRL". Eso hice y para allá nos fuimos "**Siomi**" y yo. La representación, sin dificultad alguna: ¡la conseguimos!

Sin embargo, en ese ínterin, la "Organización Cisneros" decidió construir en Cagua el mayor almacén de la América hispana y se necesitaba cualquier cantidad de paletas para almacenar los productos importados entre "Cialón SRL" y la empresa importadora que **Gustavo** y **Ricardo** habían constituido, competencia de la nuestra ("Castor Trading"). Además de las

Paleta plástica

importaciones, había que almacenar productos para el CADA; una cadena de supermercados, recién adquirida por los **Cisneros** en el oriente de Venezuela y otra cadena de supermercados que compraron en Costa Rica. A "**Tony**" lo trasladaron para que administrara el mencionado súper-almacén. Por cierto, a su temprana muerte, dicho almacén fue nombrado "Almacén Antonio José Cisneros Rendiles".

"**Tony**" me comisionó para que consiguiera en Venezuela una fábrica de paletas, hechas de una madera llamada drago para que abasteciera las necesidades de almacenamiento del super-almacén, pero ésta no podía cumplir con los requerimientos ni con la producción. En consecuencia, a "**Tony**" se le ocurrió una idea genial, al estilo de su padre, **Don Diego**, y me envió al sur de la Florida, donde se estaba vendiendo una fábrica de paletas plásticas. Para allá me fui, en compañía – siempre – de "**Siomi**".

No solamente "**Tony**" y yo éramos socios y amigos: ¡también éramos compadres! En 1979, fue el padrino de bautizo de nuestro segundo hijo, **Carlos Alberto**. La ceremonia se efectuó en una pequeña capilla que **Don Diego** le hizo construir a su cuñada, la **Madre Carmen Rendiles Martínez**, en una esquina de su propiedad en Los Palos Grandes. La tía de "**Tony**" fue fundadora de la "Congregación Siervas de María de Jesús en Venezuela". En el año 2003, habiendo ya fallecido, se le atribuyó un milagro y en 2018 fue beatificada, convirtiéndose en la tercera beata venezolana, después de la **Madre María de San José** y de la **Madre Candelaria de San José**, una realidad que la mayoría de los venezolanos desconoce. **José Gregorio Hernández** pasaría a ser el cuarto venezolano en ser beatificado.

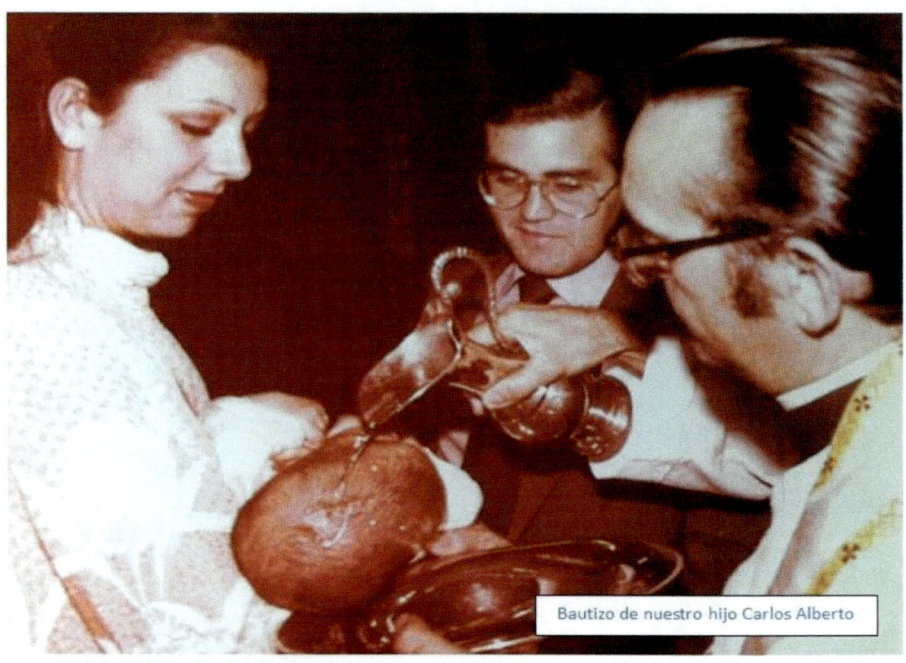

Bautizo de nuestro hijo Carlos Alberto

MADRE CARMEN RENDILES
Religiosa venezolana
FUNDADORA DE LAS
SIERVAS DE JESÚS

Por cierto, en la dirección de los CADA de Oriente, "Tony" había remplazado a un cubano que había fallecido, semanas atrás, en uno de los jets de SACECA. "Tony" no confiaba en esas aeronaves y, sobre todo en sus pilotos, por lo que se desplazaba en su propia avioneta monomotor. En uno de esos vuelos entre Puerto La Cruz y Caracas, nos agarró una terrible tormenta eléctrica. Estuvimos a punto de estrellarnos. "Tony" luego me confesó que le oró a su tía y ésta nos salvó de una muerte segura.

En el medio de aquella tormenta "Tony", quien estaba piloteando la avioneta, trató de controlarla sin lograr resultados. Pensando que nos íbamos a estrellar, soltó el volante y se aferró a su asiento. En ese instante, la aeronave se controló sola, lo que le hizo pensar que se había producido el milagro. Luego un veterano piloto me aseguró que quién tenía descontrolada la Cessna 175 de "Tony": ¡era él mismo! Al soltar los controles la avioneta de estabilizó sola: ¡sin necesidad de milagro alguno!

El hijo del fallecido vicepresidente anterior, Fernando Valdés (quien quedó como asistente de "Tony" y con quien décadas después me reuniría en Miami), viajaba con nosotros y al llegar a La Carlota exclamó: "¡primera y última!"

Con Fernando Valdés en Miami

24

Génesis de la Desgracia

Finalizando el año 1978, a instancias de **Fidel Castro**, con **Carlos Andrés Pérez**, a punto de despedirse de su primera presidencia, Venezuela y Cuba firmaron el "Convenio de Reunificación de la Familia Cubana en Venezuela". Se suponía que todos los cubanos exiliados en ese país (decenas de miles), podrían solicitar a sus familiares en Cuba, incluyendo a sus primos.

A **Carlos Andrés** no le dio tiempo de "honrar" el convenio, pues ya estaba de retirada. Ese "honor" le tocaría a su sucesor: **Luis Herrera Campíns**. Ya teníamos información de inteligencia, a través de la cual sabíamos que tal "convenio" sería utilizado por Castro para inundar a Venezuela (y a otros países del subcontinente americano) de agentes castristas: ¡como en efecto sucedió!

En diciembre de 1978, **Gonzalo García Bustillos**, muy cercano al presidente-electo – **Herrera Campíns** – sonaba como el futuro canciller, así que decidimos abordarlo para alertarlo sobre el plan macabro de **Castro**, a través del mencionado convenio.

A mediados de aquel mes de diciembre, me trasladé a las oficinas del entonces-presidente-electo, donde **García Bustillos** tenía un cubículo. Llegué temprano y esperé a que me llamara. Había ido recomendado por un personaje que le llegaba directamente al propio **Luis Herrera**.

A golpe del mediodía se presenta un pandemónium en las oficinas del candidato electo: ¡un gran "correcorre"! No sabía lo que estaba sucediendo hasta que escuché al **Dr. García Bustillos** pedir auxilio por teléfono. **Herrera Campíns**

Gonzalo García Bustillos

se disponía a recorrer Venezuela y los pretendientes a formar parte de su gabinete se debatían para ver quiénes lo acompañaban. **García Bustillos** no estaba dentro del grupo favorecido y estaba a la búsqueda de una aeronave que le permitiera formar parte del "convoy aéreo".

Escuchando aquella conversación, se me ocurrió llamar a mi socio y amigo, **Antonio José Cisneros**, para ver si le podíamos ofrecer a **García Bustillos** "la tarita" (la monomotor Cessna 175), propiedad de "**Tony**". Le expliqué por teléfono lo que estaba sucediendo. "**Tony**" me respondió que sería una "raya" para el futuro-supuesto canciller de Venezuela trasladarse en un monomotor de cuatro plazas (incluyendo al piloto y al co-piloto) y me sugirió que le ofreciera un Citation: uno de los jets de SAECA, la empresa de aviación del "Grupo Cisneros".

Cessna Citation

En medio de aquel alboroto, no me fue fácil interrumpir a **García Bustillos**, pero cuando por fin me prestó atención: ¡las puertas de los cielos se me abrieron de par en par!

El **Dr. Gonzalo García Bustillos** no terminó de canciller de **Herrera Campíns**: ¡terminó de ministro de la presidencia! ¡Ministro de ministros! "A la pata del mingo" de la presidencia de la República de Venezuela. Ya era "hombre nuestro". Cuando "**Tony**" le envió el Citation a quien sería uno de los hombres más importantes del futuro gabinete, resultó ser la mejor aeronave del "convoy aéreo": ¡ni el propio **Luis Herrera** tenía una nave mejor! Con el tiempo, "**Tony**" y yo brindábamos, seguros de que fuimos nosotros dos quienes colocamos a **García Bustillos** en el Ministerio de la Presidencia.

A raíz de aquel incidente, fueron varios los viajes en Citation que la "Organización Cisneros" le ofreció a **García Bustillos**, lo que me dio carta blanca para reunirme, casi todos los días y más adelante, cuando ya era el ministro de la presidencia.

En primer lugar, **García Bustillos** me nombró "comisionado presidencial"; el enlace entre el gobierno venezolano y los cubanos que iban llegando de Cuba, muchos de los cuales (la mayoría), no tenían ni conocidos en Venezuela. Comenzamos a corroborar que Castro estaba infectando a Venezuela, "hasta los teque-teques", con agentes del G2… como pudimos comprobar más allá de toda duda.

Por los "servicios prestados", el "Grupo Cisneros" (o "La Organización Cisneros"), solamente pedía ser el primero en escoger a los "profesionales" que estaban llegando a Venezuela. **Gustavo** había estado al tanto de que su padre, **Don Diego**, se había rodeado con la crema y nata de aquellos profesionales cubanos que comenzaron a llegar al país al principio de la revolución: ¡un importante "capital humano"! Los tiempos, evidentemente: ¡habían cambiado! En tal sentido, "El Grupo Cisneros" también fue infiltrado por no pocos agentes del castrismo, como luego pudimos descubrir: ¡ya tardíamente!

Gustavo Cisneros y Fidel Castro

Con el pasar de los años, se comenzó a asegurar – "en los pasillos" – que **Gustavo Cisneros** siempre admiró a **Fidel Castro** desde que llegó al poder en Cuba y su padre lo llevó a la isla para que lo conociera en persona. En tal sentido, no fue de extrañar que se haya plegado a "La Revolución Bolivariana" de **Hugo Chávez Frías**.

Los agentes de Castro se iban instalando como conserjes, en edificios modernos de Caracas. Uno de esos edificios estaba ubicado en la esquina diagonal con la entonces-sede de la embajada de Cuba, en la Avenida Principal de Chuao, donde operaba como conserje la red de espías cubanos.

La CIA envió a Venezuela un contingente de agentes, la mayoría de ellos cubanos exiliados, para montar una operación con la finalidad de descubrir la magnitud de aquella infiltración. Entonces no había teléfonos inteligentes ni estaban generalizadas las computadoras personales. Las notas había que anotarlas en "cartoncitos de debate" que uno llenaba a mano y eran almacenados por orden alfabético en una cajita de metal se compraba en las librerías.

Así y todo logramos ir descubriendo el tinglado de espías, hasta que un día allanamos la conserjería de aquel edificio en Chuao. Nos encontramos al jefe de la red jugando dominó con varios compañeros cubanos-castristas, bebiendo ron y fumando tabacos cubanos. Entramos a la fuerza con credenciales de la DISIP y secuestramos a quien sabíamos era el jefe de la "misión", al que llevamos a un paraje solitario, camino al Junquito, para "modificarle la salud" luego de un profundo interrogatorio que no surtió mucho efecto, pues el secuestrado no nos dijo ni su nombre.

El jefe de nuestro grupo había llegado de Miami hacia un par de días. Para entonces yo estaba por cumplir mis 29 años y me encontraba "jojoto" en aquellas lides.

El súper-agente castrista (luego nos enteramos de su importancia), llamado **Heracilio González Torres**, iba esposado. Era un hombre duro. Se decía que había acompañado a **Fidel** desde la Sierra Maestra y había estado con el Che en El Congo y en Bolivia. No era ningún pendejo.

Llegamos a un terraplén cercano a la carretera hacia El Junquito y todos nos bajamos de los dos vehículos que formaban parte de la caravana. Sacamos a **González Torres** del carro y lo llevamos al terraplén. Él ya suponía o sabía lo que le esperaba. Sin embargo, para la sorpresa de todos, el jefe de nuestra unidad ordenó que lo dejáramos intacto. Nadie del grupo entendió la orden. Hubo un intento de motín, porque era imposible que lo dejáramos libre. Luego comprendimos la jugada de "**Ramirito**", el apodo por el que conocíamos a quien dirigía el piquete de anti-castristas entre quienes me encontraba yo.

Uno de nuestros compañeros sacó su arma, la rastrilló y se la puso en la cabeza a "**Ramirito**", pensando que se trataba de un doble-agente. Yo estuve a punto de hacer lo mismo, como la mayoría de nuestros compañeros.

González Torres fue quien entendió "la jugada" desde un principio. Esposado con las manos en su espalda, comenzó a patear polvo y piedritas hacia donde se encontraba "**Ramirito**", insultándolo con las más impensables ordinariedes cubanas, como "*hijo de puta*", "*come pinga*", "*cabrón*", "*bugarrón*" y otros insultos por el estilo. **Heracilio** buscaba su muerte… quería que lo eliminaran: ¡no que lo dejáramos vivo!

Ahí lo dejamos: ¡vivito y coleando! Quedó en el terraplén con las manos esposadas: ¡íngrimo y solo! A regañadientes le dimos la espalda y acatamos la decisión de nuestro director.

La jugada fue genial. **González Torres** había sido secuestrado frente a un grupo de agentes del G2. El haber sido dejado en libertad "lo delataba" como informante. Su "natural destino" era la muerte y sin embargo, aparecería vivo y sin un rasguño. ¿Cuál era el mensaje alto y claro? Que **Heracilio** había "cantado" y cooperado: ¡que había descubierto todos los detalles de la red! Él, su familia en Cuba y hasta el perro: ¡pagarían las consecuencias!

Le habíamos dado un duro golpe a la red de espías en Venezuela, pues el régimen de Castro jamás tendría la certeza de qué dijo o no dijo **González Torres**, de quien jamás supimos su destino y suerte.

Es de hacer notar, sin embargo, que muchos cubanos decentes y probos se aprovecharon del convenio, entre ellos un hijo del ministro cubano (en épocas de **Caros Prío Socarrás**), **Aureliano Sánchez Arango**, quien había fungido como ministro de educación y luego como ministro de estado. Su hijo fue capturado y sentenciado a una larga condena por participar en un complot para eliminar a **Fidel Castro**. Fue liberado y enviado a Venezuela a través del convenio de reunificación familiar, a pesar de no tener familiares en Venezuela.

Aureliano Sánchez Arango

Entre los que llegaron a Venezuela a través del convenio de reunificación, estaba un preso político llamado **Pedro Fuentes**, quien tras una corta estadía en el país se trasladó a Estados Unidos donde estudió derecho, se graduó de abogado, montó un importante bufete en Coral Gables y se convirtió en un importante activista anticastrista. Tuve el gran honor de orientarlo mientras estuvo en Venezuela, llegando a cultivar con él una bonita amistad que continuó en Miami, años después, cuando me tocó mi tercer exilio en el Sur de La Florida.

Pedro Fuentes

La semana siguiente del evento con **Heracilio González Torres**, me reuní con **Gonzalo García Bustillos** y le pedí que le sugiriera al **presidente Herrera** que eliminara el convenio... pero ya el daño estaba hecho. Ahí comenzó el principio del fin para Venezuela: ¡el génesis de la desgracia nacional!

Carlos Andrés Pérez, Fidel Castro Ruz y Felipe González. En la foto faltaría Omar Torrijos

Carlos Andrés Pérez formó parte de una infame y perversa cofradía en la que – además de él – se encontraban **Felipe González, Omar Torrijos** y **Fidel Castro**.

A **Castro** siempre se le abrieron las puertas de casi todos los países de la América hispana, incluso de Estados Unidos, inoculando en la región un virus muchísimo peor que el Covid 19. Cuando los dirigentes de muchos de aquellos países que le brindaron pleitesía a **Fidel** se vinieron a dar cuenta: ¡ya era demasiado tarde!

A través del "Departamento América", dirigido por el **Comandante Manuel Piñeiro Losada** (alias "**Barbarroja**"), se le hizo muchísimo daño al continente americano, e incluso a no pocos países africanos. Mientras muchos gobernantes se morían por conocer y socializar con Fidel Castro, éste solamente tenía en mente cómo adueñarse de la América toda. Era una competencia desigual, asimétrica. Al final del camino la "revolución cubana" fue logrando muchos de los objetivos planteados desde antes de que los barbudos llegaran a la Sierra Maestra.

"Barbarroja"

Hoy Venezuela sufre la desidia de muchos de los presidentes de la "era democrática".

Nicaragua

Aquí tengo que hacer un paréntesis. **Anastasio Somoza**, en Nicaragua, estaba a punto de ser derrocado por las turbas sandinistas. Unos meses antes, había conocido en Miami a **Rafael Trujillo Jr.**, hijo menor del desaparecido tirano de la República Dominicana, **Rafael Leonidas Trujillo**, quien – además de tener un negocio de reaseguro en Miami – era un agente de la CIA.

A **Rafael Jr.** lo llevé a Venezuela para que conociera a "**Tony**". Estábamos interesados en el negocio del reaseguro. "**Tony**" le puso a su disposición toda la seguridad de la "Organización Cisneros": guardaespaldas y limosinas.

Las limosinas de los **Cisneros** son custodiadas las 24 horas del día. Los "agentes de seguridad" eran rotados todas las semanas. "**Tony**" me aseguró que la seguridad de los **Cisneros** era mucho más efectiva y profesional que la seguridad de los presidentes venezolanos.

A **Rafael Trujillo Jr.** lo llevé a Los Próceres y, una vez allí, comentó: "*...aquí comenzó el principio del fin de mi padre*". **Rafael** se estaba refiriendo al atentado que su padre había orquestado con la ayuda de un grupo de miembros de la extrema derecha venezolana, financiado directamente, por **Trujillo**, junto con un pequeño grupo de militares venezolanos, en un fallido intento de asesinar al presidente en funciones: **Rómulo Betancourt**.

Rafael Trujillo Jr.

El 24 de junio de 1960 durante la celebración del aniversario de la Batalla de Carabobo, se produjo un brutal atentado terrorista contra la vida de **Rómulo Betancourt** en Caracas. Aproximadamente a las 9:30 de la mañana una bomba, en un auto estacionado, estalló al pasar uno de los vehículos de escolta presidencial cercano a la limosina oficial, la cual se dirigía hacia el Paseo Los Ilustres. El atentado dejó sin vida al jefe de la casa militar, **Coronel Ramón Armas Pérez** (padre de **Aníbal Armas**, productor y actor de VTV, quien años después muriera de SIDA), el cual le produjo quemaduras severas y deformación del rostro al **Presidente Betancourt** y destrozó el vehículo presidencial.

Al día siguiente del atentado, **Betancourt**. en un mensaje a la nación desde el Palacio de Miraflores, con las manos vendadas, dijo: "*Quiero decirle al pueblo de Venezuela que debe tener confianza plena en la estabilidad de su gobierno y en la decisión del presidente que él eligió para cumplir su mandato, como he venido diciendo y hoy reitero, hasta el 19 de abril de 1964. Nunca he ignorado los riesgos que comporta empeñarse en darle una orientación democrática al país. No me cabe la menor duda de que en el atentado de ayer tiene metida su mano ensangrentada la dictadura dominicana. Pero esa dictadura vive su hora pre agónica, son los postreros coletazos de un animal prehistórico incompatible con el siglo XX.*"

La leyenda popular asegura que meses antes del atentado, en un discurso, **Betancourt** había dicho: "*... que se me quemen las manos si yo he tocado un solo bolívar del erario venezolano...*"

Rafael Leonidas Trujillo

El hecho terrorista fue denunciado ante la OEA para condenar al gobierno de **Trujillo** por violación a los derechos humanos dentro de su nación y por financiar ataques terroristas a un jefe de estado extranjero.

CRIMINALES PROFUGOS
LOS QUE MATARON AL JEFE

CUANDO VEA ALGUNO DE ELLOS AVISE AL PUESTO MILITAR MAS CERCANO

El martes 30 de mayo de 1961, a las 9:45 de la noche, en el kilómetro 9 de la carretera de Santo Domingo a San Cristóbal, el auto en el que viajaba **Trujillo** fue ametrallado en una emboscada urdida por **Modesto Díaz, Salvador Estrella Sadhalá,** Antonio de la Maza, **Amado García Guerrero,** **Manuel «Tunti» Cáceres Michel, Juan Tomás** **Díaz, Roberto Pastoriza, Luis Amiama Tío,** **Antonio Imbert Barrera, Pedro Livio Cedeño** y **Huáscar Tejeda**. El vehículo recibió más de 60 impactos de bala de diversos calibres, de los cuales

Ramfis Trujillo

siete impactaron el cuerpo del dictador causándole la muerte. Su chófer, **Zacarías de la Cruz**, recibió varios impactos, pero no perdió la vida, aunque fue dado por muerto por los ajusticiadores.

Las armas proporcionadas por la CIA habían sido ocultadas por el estadounidense **Simón Thomas Stocker** «Wimpy», como también se le conocía, propietario del único supermercado del país y residente en Santo Domingo desde 1942; fue contactado por la CIA bajo el nombre en clave de «Héctor». **Stocker** rehusó la remuneración de la CIA por sus esfuerzos, aduciendo su convicción moral. Las armas fueron ocultadas por más de dos meses, a riesgo personal y de su familia, dentro de un armario pequeño en su estudio, en su residencia privada, que luego fue demolida y que estuvo ubicada en un solar en el lado sur de la avenida Independencia, próximo a la avenida Máximo Gómez.

Algunos afirmaron que dichas armas nunca llegaron a las manos de los organizadores del ajusticiamiento, debido a la supuesta falta de una autorización explícita de la CIA para su entrega. Esta opinión fue contradicha por testimonios de viva voz, comunicados por **Stocker** a familiares y personas de confianza, afirmando que las armas fueron entregadas por él a un dominicano, después de haberlas ocultado en su propiedad, según su relato. No obstante, esa versión fue negada por el único sobreviviente del ajusticiamiento, el general **Imbert Barrera**.

Algunos analistas afirmaron que el interés de Estados Unidos en acabar con **Trujillo** se debió a que la represión de su gobierno podría desembocar en una revolución comunista en República Dominicana, similar a la revolución cubana, que fue una consecuencia del rechazo del pueblo cubano al dictador **Fulgencio Batista**.

La familia de **Trujillo** trató de huir con el cuerpo del dictador en su yate "Angelita", pero no fue posible. Su funeral, realizado el 2 de junio del mismo año, fue el de todo un estadista y una larga procesión lo acompañó desde el Palacio Nacional hasta la localidad de San Cristóbal, donde fue enterrado. Miles de personas de todos los estratos sociales desfilaron ante el féretro con los restos de **Trujillo**. Todo lo anterior me fue corroborado por su hijo, **Rafael Jr**.

Cessna 175

Después de esto, ante la presión popular, la familia **Trujillo** salió del país y **Ramfis Trujillo** tuvo que sacar el cuerpo de su padre. **Trujillo** fue, temporalmente, enterrado en París, en el Cementerio del Père-Lachaise, a petición de sus familiares.

En 2009 se generó una controversia en la República Dominicana. En ocasión del 48° aniversario de su muerte, se planteó el traslado de los restos de **Trujillo** a la República Dominicana, para ser enterrado junto a los héroes nacionales. Esta idea generó un rechazo generalizado.

Actualmente los restos de **Trujillo** se encuentran en el Cementerio de Mingorrubio de la pequeña comunidad de El Pardo, a 25 minutos de Madrid en España, en un panteón junto a su familia.

Rafael Jr. me contó una historia interesante que quiero compartir con mis lectores. Gran parte del dinero que su padre logró preservar al momento de su muerte, fue sacado de la isla en un yate secreto. El famoso yate "Angelita", altamente custodiado por afectos a **Trujillo**, zarpó de Santo Domingo con cajas vacías. La verdadera fortuna fue enviada en un segundo yate, el cual no fue detectado. El yate "Angelita" fue detenido dentro de aguas territoriales dominicanas, pero ya el yate secreto, con la fortuna de **Trujillo**, había llegado a costas estadounidenses.

Rafael Jr. operaba para la CIA y reclutó a **Antonio José Cisneros**. **Anastasio Somoza** estaba a punto de ser derrocado por los sandinistas y requería de pertrechos para continuar su lucha. "**Tony**" tenía una "tarita" (una Cessna 175 monomotor) en la cual él y yo, comenzando el mes de julio de 1979, llevamos unas armas modificadas, precursoras de la TEC-22 que debían ser entregadas a la guardia de **Somoza**. El costo de ese armamento, incluyendo comisiones y un exagerado sobreprecio, era de unos $ 200mil, que fueron depositados en una cuenta de ahorros que abrimos en el aeropuerto de Atlanta a mi nombre, en un banco que luego desapareció. El dinero jamás fue entregado y se perdió en "las tinieblas del tiempo". **Somoza** sería derrotado el 17 de julio de aquel año, 1979 y sería asesinado en Paraguay, el 17 de septiembre de 1980.

TEC-22

Escapar de Managua fue una operación casi-suicida. Logramos aterrizar en Honduras para comprobar que la "tarita" había sido impactada por decenas de proyectiles, ninguno de los cuales acertó en lugares vitales. Allá la dejamos y volamos en un vuelo comercial a Caracas.

Luego de tales eventos, **Rafael Jr**. se perdió de nuestras vidas y jamás tuvimos contacto con él, pero la historia se complicaría.

Anastasio Somoza

Pugna Familiar

Los herederos de **Don Diego Cisneros** estaban entablados en una lucha por el control de la "organización", lo que generó una nueva leyenda.

Don Diego Cisneros con algunos de sus hijos. A la extrema izquierda, "Tony". A la extrema derecha, Gustavo

Don Diego, en vida, había constituido una empresa "holding" donde sus 8 hijos poseían, equitativamente, las acciones. Entre los hijos de **Don Diego** se produjo una división interna. Uno de ellos hubiera hecho la diferencia. "**Tony**" no estaba "cuadrado", abiertamente, con **Gustavo** y **Ricardo**. Tras la misteriosa muerte de "**Tony**", reventó la hipótesis de que su desaparición empujó la balanza en favor del grupo antagónico, algo que jamás pudo probarse.

Poco antes del siniestro aéreo, "**Becky**" había perdido una hija, quien había muerto debido a que fue ahorcada en vientre por el cordón umbilical. La nana (cargadora, manejadora) de **Fernandito** aseguró que tal accidente presagiaba un funesto evento mayor. En efecto, meses después, "**Tony**" y "**Becky**" perecerían en un accidente aéreo. El ataúd de ambos sería una avioneta, Seneca II, que le compraríamos a un "lord" inglés en Los Roques, como más adelante explicaré. Sus cuerpos jamás aparecieron.

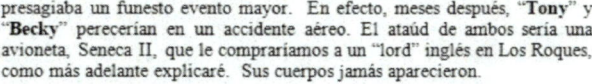

Rebeca Raue de Cisneros

Con la muerte de "**Tony**" y "**Becky**", **Fernandito** fue adoptado, legalmente, por una de sus tías, **Anita Cisneros**, casada con **Jorge Maza**, a quien **Gustavo** puso al frente de "Galerías Preciados", en España. Con el tema de la adopción de **Fernando Cisneros Raue**, se tejieron muchas leyendas; tantas que no vale la pena mencionarlas. Lo cierto es que unos 20 años más tarde, **Fernandito** – ya casado – nos fue a visitar a nuestra "Finca Daktari", luego de haber leído, por primera vez, la carta que le escribí recién desaparecidos sus padres.

Caracas 2 de marzo de 1981

Querido Fernando

Va a hacer un mes de la partida de tus padres y ese egoísmo que existe en cada uno de nosotros me prohíbe aceptar el adiós. Quizás tú seas la única persona que aun estando muy cerca de ellos, que siendo – inclusive – parte de ellos, nunca llegues a tener esa inquietud que desde el mismo día de su ausencia nos atormenta a todos.

Cuando estoy solo con mis pensamientos, trato de imaginarme a tus padres en esa avioneta que tanto disfrutaban, que tanto desearon, cómo pudiste haber deseado tú ese juguete inalcanzable que un día, de sorpresa: te llegó.

Fernando con su "nana" Rosa
1er Cumpleaños de María Carolina

31

Cuando estoy solo con mis pensamientos, me imagino a tu padre reportándose como el capitán de su nave, solo que no lo oigo comunicándose con Maiquetía o con Curazao. En mis pensamientos, esos pensamientos que atormentan, que alivian, que dan paz e intranquilidad, casi lo oigo con esa voz suave y apacible, que era tan suya, reportarse a la Gloria del señor. En esa fría jerigonza del piloto que disfruta con cada reporte que emite, lo escucho: "YV1258Cp reportándose a ti, Señor, con dos tripulantes a bordo. Destino final: ¡Tu Reino!"

Su búsqueda ha sido una verdadera odisea. Una obra maestra de la más avanzada y compleja tecnología. En ella se han invertido horas y horas inagotables: un verdadero ejército. Toda una fortuna, como queriendo ignorar, tal vez, que nada de esto nos permite buscar en el único lugar donde puedan estar.

Antonio José Cisneros con Fernandito y nuestra hija, María Carolina

Y es que tus padres, Fernando, han llegado al Cielo. Están ahí, vivos en espíritu, llenos de vida eterna y lo que para nosotros es más importante: vivos en nuestros corazones.

Sin embargo, Fernando, el destino te privó de haberlos conocido y por eso no envidio tu situación de inocencia, pues dentro de la tristeza que sentimos en la ausencia de ellos, nos sentimos sortarios de habernos cruzado en el camino de sus vidas.

El cuadro se me hace aún más triste cuando pienso en mi hijo, pues yo también, Fernando, tengo un hijo de tu edad y no dejo de preguntarme cómo me imaginaría él si lo mismo me sucediera mí.

Hoy necesito hablarte como me gustaría que lo hiciera un amigo a mi niño si algún día lo dejara atrás. Hoy necesito hablarte de tu padre, de tu madre. De lo mucho que me consta te querían. De lo mucho que me consta que los querías tú a ellos.

Hoy me acuerdo lo mucho que me fastidiabas cuando en el poco tiempo que teníamos tu papá y yo para hablar de nuestros asuntos, temprano durante el desayuno, te le subías en sus piernas acaparando todo su tiempo, pues él te lo daba ti y me lo quitaba a mi. Criticaba a tu padre por soportar a un chiquillo que no lo dejaba quieto ni un segundo. Hoy comprendo el poco tiempo que tuvo para aprovecharte y lo bien que hizo en soportar tus brincos en sus piernas al llegar del trabajo con mil problemas encima, típico de sus importantes labores.

32

Mil veces lo critiqué por tratar de hacerte un hombre antes de tiempo, pues se esmeraba en enseñarte cosas que uno no se imagina enseñarle a un mocoso como tú. Aprendiste a nadar antes que hablar. Te tiraba del trampolín como si fueras todo un hombre. Buceabas, montabas moto y hasta volabas su avión.

Cuando estabas tú delante, eras tú y nadie más. Me acuerdo cómo me quejaba de tus continuos: "papa, papa..."

En el poco tiempo que estuvieron juntos, tu padre te disfrutó más que muchos padres disfrutan a sus hijos en toda una vida y eso hoy me contenta y me consuela por él. Sin embargo, me entristece el que en tu mente infantil se borren esos recuerdos.

Piscina del Club Playa Azul, donde Fernandito Cisneros aprendió a nadar

No sé cómo será la época en que te toque ser hombre. Hay veces en que tiemblo de solo pensarlo, pero a nosotros, a tu padre y a mí, nos tocaron unos tiempos difíciles, llenos de drogas, rebeliones, indiferencia, de brecha entre generaciones y fueron muchos los jóvenes de nuestras edades que no supieron manejar la situación. Tu padre, en su corta edad, fue uno de esos que vencieron los obstáculos y logró un puesto entre los hombres de bien. Se casó joven, terminó sus estudios y logró tener un hijo, a quien, por sobre todas las cosas: veneraba, adoraba y amparaba. Sé que algún día te darás cuenta de lo importante que es eso.

Tu padre tenía muchos defectos como humano al fin. Entre estos defectos lo que más yo criticaba era su confianza en todo el mundo. Para él todo el mundo era bueno y en todo el mundo confiaba. No era ambicioso. No aspiraba un imperio. No aceptaba la diferencia que existe entre un jefe y un empleado. No gritaba cuando había que gritar y justificaba la maldad en quienes le hacían el mal. Es posible que pasen muchos años antes de que yo llegue a considerar sus defectos como virtudes, pero no me atrevería a apostar no lo fueran.

Ahora me pregunto: ¿cuánto tiempo hubiera durado tu padre fuera del mundo avaricioso en el cual nos ha tocado vivir? Ahora me pregunto: ¿no sería que Dios lo llamó antes de verlo envuelto en la maldad, en la indiferencia o en despotismo?

Sé que dentro de esta carta debo enviarte un mensaje: un consejo. Sé que debo halarte las orejas antes de que necesiten ser haladas. Al menos eso es lo que yo quisiera que hicieran con mi hijo de yo faltarle, pero no me siento capaz de hacerlo con el hijo de mi amigo. De ese amigo que acabo de describir, pues sería como dudar de él mismo. Será dudar de que alguien como tú, que lleva su sangre: podría no ser como él.

Admito que tendrás momentos en que, como él, no sepas si vas o vienes. Admito que podrás pasar por las mismas encrucijadas por las que él pasó durante los años en que un individuo deja de ser niño, pero tampoco es hombre. Admito que cometerás muchos, muchísimos errores, pues él también los cometió. Pero no dudo que salgas adelante siendo el mismo hombre que fue tu padre. En que lleguen a verte como su estampa, porque de las buenas siembras salen las buenas cosechas.

Sin temor a equivocarme te puedo dar un solo consejo, que sé no podrá ser interpretado como una duda hacia lo que tú serás. Cuando te llegue ese momento en que a todos nos toca decidir entre el bien y el mal, piensa en tu padre. Piensa en que él pasó por ese mismo puente muchas veces y lo supo cruzar sin caerse.

Tu padre se ganó el derecho de aterrizar en el Cielo y ese es un derecho que no a todos los pilotos se les concede. Dentro de mí no cabe la menor duda de que algún día te estará esperando para verte aterrizar en la misma pista. Cuando llegue ese día, tal vez alguien le escribirá a tus hijos lo mismo que yo te he escrito a ti hoy.

Pero no solamente partió tu padre. Junto a él le acompañó tu madre y era muy normal que ella lo hiciera, pues vivía siempre a su lado.

Tampoco puedo decirte el destino que le espera a la mujer del mañana, de ese mañana en que le tocará vivir y dirigir a tu generación. Hoy la mujer atraviesa una crisis como nunca se ha visto. Tu madre vivió para tu padre y para ti, como muchas mujeres hoy en día no hacen. Dios no pudo prohibirle a tu padre hacer el viaje sin tu madre, pues él la adoraba enormemente.

Fernando y Rebeca Cisneros
1er Cumpleaños de María Carolina

Dentro de la tristeza de ver partir a tu madre y a tu padre, debes darle gracias a Dios que se fueron juntos, pues así vivieron y así debieron partir.

Algún día tendrás una compañera y solo entonces sabrás lo importante que es compartir. Algún día tendrás una compañera y aunque solo de lejos te pueda ver, desearía que fuera contigo como lo fue tu mamá con tu papá.

También me cansé de criticar a tu madre en muchas oportunidades. Te criaba con tanto celo que no te negaba nada. Para mí, te malcriaba. Llegabas a una tienda en su compañía y las dependientes se halaban los pelos cuando te encaramabas por los escaparates. Ella era incapaz de reprimirte por temor a que tuvieras un trauma. A mí siempre me pareció exagerado. Ahora me pregunto si en su agonía de madre ya sabía la fecha de su partida. Ahora me pregunto si prefirió verte reir de las picardías frecuentes que hacías, a llorar por sus responsos. Lo que sí no me pregunto, pues lo sé, es que la motivaba un amor inmenso. Un amor que quizás ni tú ni yo lleguemos jamás a interpretar o a comprender: ¡un amor de madre!

¡Y qué carrizo! Las lágrimas no me dejan continuar, cuando debería estar feliz. Debería estar feliz por ti, por mí, por todos aquellos que conocieron a tus padres.

El ser hijo de Tony y Becky es motivo de felicidad. El haber sido amigo de ellos es motivo de orgullo. El que tengamos que vivir el resto de nuestras vidas sin ellos: es cuestión temporal. Algún día echaremos bromas juntos. Algún día verás, como quien ve una película, las locuras que tu padre hacía contigo. Algún día me escucharás gritarle: "¿cómo se te ocurre lanzar a Fernandito del trampolín más alto?" Algún día te verás saliendo de la piscina y subir las escaleras de ese mismo trampolín, con tu cara de loquito a los brazos de tu padre… quien te esperaba arriba, en lo más alto, para volverte a lanzar y comenzar el ciclo de nuevo.

Cuando llegue ese día, todos seremos más felices que ahora, pues viviremos juntos por una eternidad, sin temor a separarnos, siquiera: ¡por el corto tiempo de una vida!

Uno de los tantos amigos que dejaron tus padres,

Robert

Por supuesto, **Fernandito** no tenía el menor recuerdo de "**Becky**", su madre biológica, ni de "**Tony**", su padre biológico. Esa tarde le enseñamos muchísimas fotos e, incluso, un video grabado en uno de los cumpleaños de nuestra hija **Maria Carolina**, donde aparecían él y "**Becky**" hablando. **Fernandito** jamás había escuchado la voz de su madre biológica. Fue una visita extremadamente emotiva. Nos despedimos y jamás supimos de él.

"Siomi" y yo entonces

De los 8 hijos de **Don Diego**, uno – el mayor – **Diego Alberto**, era depresivo-esquizofrénico, quien había estado, incluso, recluido en varias oportunidades en un sanatorio mental de España. Otro, **Gerardo**, el menor… tenía problemas similares y terminó suicidándose. **Carlos**, había ya muerto ahogado tratando de salvar en un río a un hijo de **Gustavo**, casado (**Carlos**) con quien se decía era una "princesa iraní". Las hijas no contaban mucho y solamente quedaba "**Tony**". Luego de su muerte, se comenzó a decir que "**Tony**" era la "piedra de tranca" y que con su muerte, la balanza se inclinó a favor de **Gustavo** y **Ricardo**, algo que nunca se pudo probar.

"**Siomi**" y yo habíamos visitado la fábrica de paletas plásticas ubicada en el Sur de La Florida y solamente quedaba formalizar la compra, para lo cual necesitábamos que los dos propietarios de la fábrica se trasladaran a Venezuela. La ignorancia de uno de los dos socios estadounidenses: ¡salvaría nuestras vidas!

Fábrica de paletas plásticas en Delray Beach a punto de ser adquirida por Cialon SRL

Seneca II

"**Tony**" nos había invitado, meses antes, a pasarnos un fin de semana en Los Roques. Bañándonos en una de las extraordinarias playas de ese pequeño y paradisíaco archipiélago, vimos una avioneta bimotor, Seneca II, aterrizar. "**Tony**" se enamoró de ella a primera vista y propuso que "Cialón SRL" la comprara. La avioneta resultó ser propiedad de un supuesto "lord" inglés, a quien le propusimos una oferta que no pudo rechazar. En consecuencia: ¡terminamos comprándola! Lo primero que hizo fue cambiarle la pintura, porque decía que la que tenía era pavosa.

Playa de Los Roques

A pesar de que había obtenido la licencia de piloto privado en Escocia, jamás llegué a volar. "**Tony**" no estaba certificado para pilotear aeronaves de dos motores ni tenía licencia para vuelos instrumentales, pero tenía un piloto llamado **Johnny Saliceti**, primo-hermano de **Diego Arria**, quien – por cierto – se empató, sentimentalmente, con **Cinthia**, la hermana de **Rebeca** y cuñada de "**Tony**".

Johnny, por cierto, fue el piloto que su primo – **Diego Arria** – contrató en 1978 para que lo llevara por Venezuela en su "campaña electoral fake", financiada por **Carlos Andrés Pérez** para debilitar las otras candidaturas. **Johnny** nos aseguró que su primo (**Diego**), jamás le pagó por sus servicios.

"**Tony**" se certificó para pilotear aeronaves de dos motores, como la Seneca II que acabábamos de comprar y se sacó su licencia para vuelos instrumentales.

Diego Arria Salicetti

Comenzando el mes de febrero de aquel año, 1981 "**Tony**" se empeñó en que pasáramos el "Día de Los Enamorados" en la isla de Aruba. Ya estaba "chequeado" para volar bimotores, pero yo estaba en trámites para regresar a Miami y retornar a Venezuela con los dos propietarios de la fábrica de paletas. "**Siomi**" se había quedado

en Venezuela, puesto que en unos días me reuniría con ella para poder viajar a Aruba con "**Tony**" y **Rebeca**. Decidí que llevaría a los "americanos" a Venezuela, los instalaría en el Hotel Tamanaco, a expensas de "Cialón SRL" y pasaríamos dos días en Aruba, celebrando el "Día de los Enamorados". "**Tony**" estaba loco por estrenar su licencia de piloto de aeronaves bimotoras y decidió no llevar a **Johnny Saliceti** como piloto: quien – posiblemente – le hubiera salvado la vida.

Aeropuerto La Carlota

El destino nos salvó a "**Siomi**" y a mí. Cuando fuimos a abordar el avión para viajar a Venezuela, uno de los dos propietarios de la fábrica de paletas no tenía pasaporte, pues creía que viajar fuera de Estados Unidos era como viajar de Miami a Atlanta. En consecuencia, llamé a "**Tony**" y le dije que se fuera a Aruba y se llevara a "**Siomi**", pero esta última se negó y prefirió esperarme para tomar un vuelo comercial con la finalidad de unirnos con ellos en la bella isla caribeña.

Al día siguiente, el propietario de la fábrica de paletas que tenía pasaporte, me acompañó a Venezuela en un vuelo de VIASA y al llegar al aeropuerto de Maiquetía, "**Siomi**" me informó que la avioneta de "**Tony**" estaba reportada como desaparecida: ¡y ahí comenzó Cristo a padecer!

Seneca II

El hangar de SAECA, la empresa aeronáutica del "Grupo Cisneros", se convirtió en el centro neurálgico de la búsqueda de "**Tony**" y "**Becky**". Dejamos al propietario de la fábrica de paletas en el Hotel Tamanaco, asistido adecuadamente y nos instalamos en el aeropuerto La Carlota, en el corazón de Caracas. A los días, el "gringo" se regresó a La Florida y jamás supimos de él.

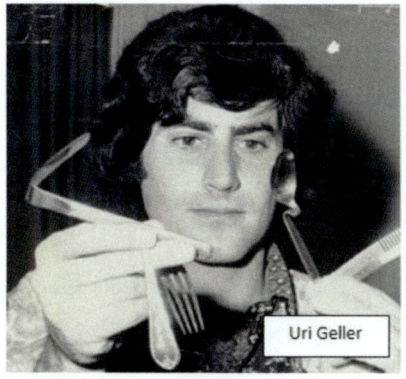

Uri Geller

Hicimos nuestro primer contacto con **Gustavo** y su esposa **Patricia**. Es justo acotar que **Gustavo** jamás se separó de las operaciones de búsquedas de su menor hermano; operaciones que duraron poco más de un mes. **Gustavo**, quien estaba al tanto de mi relación comercial con su hermano, **Antonio José**, me llevó a la oficina de SAECA para mostrarme una grabación, supuestamente de "**Tony**". La torre de control de Curazao había recibido un mensaje de auxilio de **Antonio José**, en la que se escuchaba: "*...may day, may day, uno, dos tres cuatro...*" **Gustavo** me pidió que identificara la voz de su hermano, pero no pude hacerlo. Era un mensaje en total desesperación, con mucha estática, que casi no se podía entender.

Cuando "**Siomi**" conoció ese mismo día a **Patricia Phelps**, ésta le dijo que le recordaba a una compañera de estudios llamada "**Yolanda**" y que, para ella, "**Siomi**" sería "**Yolanda**", lo que a "**Siomi**" le pareció una verdadera locura. Sin embargo, recuerdo que le dije: "*...si para Patricia (Phelps), tú eres Yolanda... que así sea. Tenemos cosas más importantes por las que preocuparnos*". A partir de ese momento, cada vez que **Patricia** (**Phelps**) se refería a "**Siomi**", para ella era "**Yolanda**" y así se dirigía a ella. Un día que fui solo a La Carlota, **Patricia** me preguntó con mucha familiaridad: "*¿...y qué es de la vida de Yolanda?*"

Participé en varios vuelos entre Maiquetía, Aruba y Curazao para ver si veíamos indicios de un siniestro aéreo. No hubo resultados. **Antonio José** y **Rebeca** desaparecieron del mapa sin dejar rastros. Entonces **Gustavo** contrató a **Uri Geller**, un famoso "mentalista" israelí que tenía, supuestamente, poderes extrasensoriales y que, supuestamente, doblaba cucharas y tenedores con su mente. Para muchos: ¡un charlatán!

Gustavo Cisneros Rendiles

Patricia Phelps de Cisneros

Buscaron pertenencias de "**Tony**" y se la dieron a **Geller**. Éste se concentró y dijo que la avioneta había caído en el estado Falcón, en un lugar donde "veía" unos rieles abandonados de ferrocarril entre dos viejos silos. Increíblemente, cuando fueron a buscar el único lugar descrito por el famoso "mentalista", encontraron los restos de una avioneta que había desaparecido cinco años atrás. De que vuelan: ¡vuelan!

Como **Uri Geller** no pudo dar mayor información, llamaron a otra "mentalista" estadounidense, pero entre los mosquitos y la insolación, no soportó el evento y se regresó a Estados Unidos.

La búsqueda de "**Tony**" y **Rebeca** duró poco más de un mes. Venezuela entera se paralizó. Entonces un empleado de SAECA le preguntó a "**Siomi**" cuál era nuestra insistencia, ya que desde el "Día Uno" no habíamos dejado de asistir al hangar y luego de responderle, el empleado le aseguró que "**Tony**" y **Rebeca** no aparecerían jamás. Fue entonces cuando abandonamos las esperanzas y regresamos a nuestras vidas en Miami y al regresar: evaluamos nuestra situación.

Antonio José Cisneros Rendiles

Hasta donde se supo o se dedujo, "**Tony**" no tenía experiencia en cuanto a cambiar su plan de vuelo sobre la marcha. Hacía un día estupendo, salvo una peligrosa nube que se le atravesó en su camino. Aparentemente "**Tony**" decidió atravesarla y ese pudo haber sido su error, según los entendidos. El avión entró, según la versión más ajustada, en una turbulencia y se volteó. Estando volteado, sin darse cuenta de que lo estaba, "**Tony**" intentó elevar su avión, pero lo que hizo fue enterrarlo en el mar. Esa fue la explicación de su accidente, pura especulación, por supuesto. Solamente Dios sabe qué les sucedió ese terrible y funesto día.

"**Siomi**" y yo teníamos que comenzar de cero. Pocos días después de la desaparición de "**Tony**" y **Rebeca**, los cuatro contenedores repletos de porquerías, llegaron a Puerto La Cruz. En el cargo de "**Tony**", **Gustavo** había colocado a un cubano llamado **Sam Arrojo**, un verdadero "chupamedias", que en la Cuba de los Castro había sido carnicero: ¡incondicional a **Gustavo**! Era tan déspota y pedante que su remoquete era "Puente Roto": porque nadie lo podía pasar.

Sam Arrojo me preguntó qué pensábamos hacer con tantos pegamentos, con tantos yoyos y con tantos papagayos. Para ser sincero: ¡no le pude responder! Me invitó a su cuarto en el hotel de Puerto La Cruz y comenzó a interrogarme, pero me di cuenta que debajo de su cama tenía un grabador con una luz roja prendida. Me levanté amenazadoramente y lo conminé a que borrara todo lo grabado. Las órdenes de compra era legales y genuinas, firmadas por **Antonio José Cisneros Rendiles**, para entonces: vicepresidente del CADA en Oriente. La mercancía había sido pagada legalmente por Cialón SRL, acreedora de la Organización Cisneros, que – a sus vez – poseía un pagaré respaldado por una empresa legal, cuyos responsables éramos "**Tony**" y yo. "Che-ché" tendría que cobrarle a "Che-ché: ¡o nadie cobraba un centavo! Al final Cialón SRL logró cobrar y hasta ahí llegó el asunto. Luego nos enteramos de que al "El Carnicero" (**Sam Arrojo**) le dieron la mala y terminó sus días en Miami.

Continúa la búsqueda de la avioneta

José Antonio Cisneros Tenía Licencia de Piloto y su Documentación en Regla

Por cierto, **Sam Arrojo** era coleccionista de armas. En una oportunidad logré comprar una pistola calibre .32 del año 1918, marca Colt. Era un arma de colección. Para congraciarme con él se la regalé, pero no sirvió de nada. Me la agradeció inmensamente, pero mi intento de soborno no surtió efecto. Cuando me enteré de que la "Organización Cisneros" le había dado la mala a Sam: ¡mucho que me alegré! *"Así paga Satanás a quienes le sirven"*…pensé. El asunto del pago lo resolvimos "extra-judicialmente".

Lo Increíble

Murieron "**Tony**" y **Rebeca** y no nos quedó otra, con todo el dolor de nuestras almas, que regresar a Miami a rehacer nuestras vidas, como ya dije: a ver qué inventábamos. Teníamos un "townhouse" en Miami en la 11752 SW 14th Street y dos hijos, de 5 y 2 años de edad, **María Carolina** y **Carlos Alberto**. Intenté distribuir "Quicky" en Miami y no tuve éxito. Entonces recurrí a lo que sabía y me gustaba hacer: ¡la televisión!

Me compré un equipo de video y decidí grabar todos los eventos turísticos de La Florida, con excepción de Disney World, cuyo sindicato no permitía grabaciones.

Enviamos a **María Carolina** a Venezuela, al cuidado de mis suegros – que Dios me los tenga en la Gloria – y me dedique a las grabaciones de "clips", con la esperanza de poderlos vender a una de las dos estaciones privadas de Venezuela: Venevisión y Radio Caracas Televisión; aunque no tenía muchas esperanzas de poder hacer negocio con los **Cisneros**, después de todos los "pormenores" en relación a mi sociedad con **Antonio José**.

María Carolina y Carlitos en 1981

Mi hermana, **María Conchita Alonso**, estaba ya en Radio Caracas Televisión y me hizo "el puente". Le entregué al departamento de producción todos mis "clips" grabados y me los compraron todos. En consecuencia, nos mudamos de regreso a Venezuela. Comencé una nueva vida como productor independiente de televisión.

Había grabado una docena de "clips". Entonces existía un programa sabatino llamado "Fantástico", que producían dos argentinos, **Carlos** y **Oscar Saco**, hijo y padre, respectivamente. El viejo **Oscar Saco** se había formado en la Cuba pre-Castro y adoraba a los cubanos, asegurando que éramos los que más sabíamos de televisión, después de los "gringos". Había hecho sus "pinitos" en la CMQ de La Habana, la estación de televisión (y de radio) más prestigiosa de la América hispana. Cuando supo que yo era cubano había conquistado la mitad de la batalla. Revisó todos los "clips" y los aceptó todos, antes de enviarme al departamento de producción, donde era gerente **Juan Lamata** y de ahí terminaría en la administración, para cuadrar la venta y la cobranza del material.

Administración me dijo que regresara al otro día por el cheque. Había entendido que me pagarían US$ 25mil por mis "clips" (entonces el bolívar estaba a Bs. 4,30 por dólar), pero cuando veo el cheque: ¡se me volaron todos los tapones! ¡Resultó ser US$ 25mil POR CADA "CLIP"! Salí saltando de la sede de RCTV, ubicado de Bárcenas a Río en el centro de Caracas y llamé a "**Siomi**" desde un teléfono público que quedaba justo en la entrada. Le dije que se fuera preparando, porque regresábamos a Venezuela de inmediato.

Mustang Cobra

Al siguiente día regresé a Miami para venderlo todo menos la casa, la cual estaba hipotecada. Le había comprado a "**Siomi**" el "pace car" de aquel año en la carrera de Indianápolis: un Mustang Cobra descapotable. Nos había costado unos $ 20mil y lo rematé por la mitad. Teníamos una motocicleta Honda 750 con computadora, que terminé regalando. Los muebles lo repartimos entre los vecinos: ¡tenía que comenzar a trabajar en RCTV a la siguiente semana!

Había firmado un contrato con Radio Caracas Televisión para producir "clips" para "Fantástico". Luego, llagaron las "latas" de uno de los programas más exitosos de la televisión estadounidenses llamado "That's Incredible!" ("¡Lo Increíble!") y me contrataron para producir segmentos venezolanos, siguiendo el mismo formato.

Me había convertido en uno delos precursores de la "producciones independientes" de RCTV. **Juan Lamata** firmó el contrato por el canal y me dijo que buscara un camarógrafo en los pasillos del canal. Cuando entré en el primer estudio, vi a un "gigante", Biblia en mano, dirigirse a un grupo de compañeros que estaba siendo motivado por los sindicalistas del Sindicato de Radio y Televisión, para comenzar una huelga. Quien hablaba era **Alberto Chacón**, recientemente fallecido. **Alberto**, Biblia en mano, les estaba predicando el versículo 16 del capítulo 13 de San Lucas: *"Ningún siervo puede servir a dos señores, porque o aborrecerá a uno y amará al otro, o se apegará a uno y despreciará al otro. No pueden servir a Dios y a las riquezas".* RCTV estaba a punto de sufrir una huelga en reclamo de mayores salarios y **Alberto**, un asistente de cámara entonces, estaba en contra de "las riquezas" y conforme con su salario. Me pareció que era el personaje indicado e idóneo para mi incipiente equipo de producción. Le pregunté qué hacía en el canal y me respondió que era – apenas – un asistente de cámara. Le prometí enseñarle a hacer cámara y también, que no tendría que preocuparse por las riquezas. En consecuencia, dejó el sermón y me lo llevé a mi casa, donde comencé a entrenarlo: ¡y a adoctrinarlo!

Alberto, quien cuando "estaba en el mundo" fue novio de la actriz **Lucía Sanoja**, había "encontrado al Señor" en un carrito por puesto. La muchacha, **Mirlena**, que le predicó entre RCTV y Baruta, terminó siendo su esposa, con

Boda de Alberto y Mirlena. De izquierda a derecha: "Siomi", María Carolina, Carlitos, yo, Mirlena, Alberto y el hermano de Alberto.

quien procreó una catajarra de hijos; tantos como el Señor les mandara. Si tocaba hacer un clip para "¡Lo Increíble!" con un "brujo", **Alberto** se excusaba y yo tenía que hacer la cámara. Con los años, ya retirado de la TV, **Alberto** fundó una iglesia evangélica pentecostés en Valencia. Hace poco murió.

A **Eladio Larez**, quien lo único que me demostró ser un individuo que sabía hacer avioncitos de papel y no tenía la más mínima idea de lo que era la televisión, lo asignaron como presentador del programa que llegaría a ser el número uno de la televisión venezolana. "¡Lo Increíble!" – en realidad – lo producía, lo grababa, lo dirigía, lo editaba y lo musicalizaba quien suscribe. **Eladio** leería las cartulinas que yo le escribiría: ¡nada más! Pero estaba casado con la hija de unos de los potentados de la Venezuela de entonces. Al llegar la "revolución bolivariana", una de sus hijas permanecería unida en matrimonio, muy a su pesar (supongo) a **Henry Ramos Allup**, uno de los pilares, por parte de la FALSA OPOSICIÓN, de la tiranía que terminó destruyendo, para siempre, a Venezuela. La esposa de **Ramos Allup**, **Diana D'Agostino**, era la gemela de la esposa de **Eladio**.

Henry Ramos Allup y su esposa Diana

Eladio, por cierto, me echó todos los cuentos sobre las "preferencias sexuales" de su con-cuñado, **Henry** y de cómo le sirvió de "celestino" para emparlato con quien sería, más tarde, un conocido actor de telenovelas en RCTV.

Inicialmente, "¡Lo Increíble!" se transmitía una hora en horario estelar. Gracias a la audiencia, se alargó el programa a hora y media. Básicamente, todo lo que transmitíamos era falso. Teníamos tres personajes fijos: "**El Gran Faquir de Puerto Cabello**", **Elio Navas** y "**El Padre de la Casa Grande**". Entre esos tres personajes, en parte, convertimos a "¡Lo Increíble!" en el programa número uno de la televisión venezolana: ¡increíble!

"That's Incredible!", el programa original estadounidense, era transmitido en horario estelar por la ABC, una de las tres cadenas de la televisión "americana". Era una producción truculenta, pero que logró la atención de la audiencia nacional que entonces contaba con más de 100 millones de estadounidenses, entre 1980 y 1984. Llegó a posicionarse el programa número uno de la teleaudiencia de Estados Unidos y, más tarde: ¡de muchos países del mundo!

Tanto fue el éxito de esa serie, que los productores produjeron "latas" traducidos a muchos idiomas del globo terráqueo. Los derechos de transmisión para Venezuela, fueron comprados por RCTV, pero muy pronto comenzamos a intercalar segmentos hechos en el país y así transmitimos cuentos como "La Estatua que Llora", "La Novia Fantasma", "El Mataflores", "El Elefantico Lou", etc.

Un día llegó a Caracas el "Circo de los Hermanos Stebbins", cuyo gerente hizo contacto con RCTV para intercambiar actos y animales por cuñas de televisión. **Eladio** me llamó para que escogiera qué animal me parecía adecuado para inventar un segmento. Escogí a un elefante enano que parecía ser bebé. Si entran en YouTube podrán ver las aventuras del "Elefantico Lou", escribiendo en el buscador: *"el elefante del circo lou"*

1982
"Lou" llevando al ruso en su silla de ruedas

41

ESTAFA DOBLE AGRAVADA – ROBERT ALONSO

Pusimos a "Lou" a comprar en un abasto, ya que su dueño estaba confinado a su silla de ruedas y dependía del elefántico para que le hiciera sus compras. Cuando estábamos grabando a "Lou" en un pequeño abasto de Altamira, llamado "Lentiscosa", propiedad de un italiano donde mi suegra solía comprar, llegó un diminuto perrito a morderle las patas al elefante. ¡Ahí se prendió la "sampablera"! El elefante se asustó y desbarató medio abasto: que RCTV tuvo que pagar.

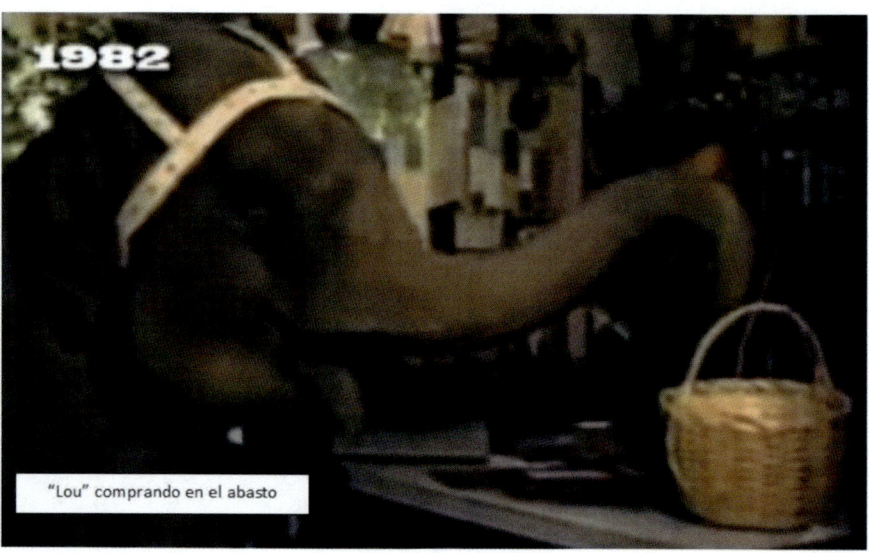

"Lou" comprando en el abasto

En una de las tomas del segmento, aparecen el ruso y "Lou" viendo el "Show de Poppy", que se transmitía por RCTV. En eso el elefante comenzó a orinar y casi llena la sala de la pensión con un orine que expedía un olor extremadamente penetrante y rancio.

En la historia de "Lou", dijimos que el ruso estaba sentenciado a muerte por un cáncer terminal y que, aprovechando la llegada del "Circo de los Hermanos Stebbins", había decidido que su adorado elefante estaría mejor con ellos que con él. La despedida entre el ruso (quien mostró sentir un profundo terror por el elefante) y "Lou" fue de lo más emotiva. El ruso, para llorar, se metió medio kilo de Vick Vaporub en los ojos: ¡y estuvo llorando una semana! El segmento fue todo un éxito.

William W. Phelps, fundador de RCTV

"¡Lo Increíble!" se transmitía a partir de las 7 de la noche. A las 10, casi en punto, me llamó **Eladio** para informarme que estábamos metidos en un "rolitranco" de lío. La **Sra. Phelps** (esposa del fundador de RCTV) había visto el programa y, siendo una de las fundadoras de la Sociedad Protectora de los Animales, consideraba que el elefántico bebé (que tenía como 45 años de edad), no iba a poder soportar estar sin el ruso, razón por la cual ella quería comprarlo, regresárselo al ruso y mantenerlo mientras el cáncer consumiera a su dueño. ¡Tremendo lío! **Eladio** me advirtió: "… *mira a ver qué se te ocurre, ¡porque el panorama se pinta feo!*" ¿Qué se me ocurrió? ¡Matar al fulano "Lou"! No lo dejé ni acostumbrarse a su nueva vida. Fue tan fuerte la separación que en un par de días el elefántico amaneció del otro lado del páramo.

"*¡Yo lo sabía!*", le gritó la **Sra. Phelps** a Eladio por el teléfono: "*… yo sabía que el pobre elefántico no iba a poder aguantar la separación, porque así son los elefantes!*"

En otro segmento, al "**Padre de la Casa Grande**" se le ocurrió una idea genial: ¡enviar una cabilla de 6 metros de largo al mismo "centro de la Tierra"! El segmento lo pueden ver si escriben en YouTube: "cabilla al centro de la tierra". Este personaje, quien vivía por Los Teques, había hecho un pozo que se había secado. Al introducir la cabilla en el pozo, la misma desaparecía rápidamente. Al día siguiente nos llamaron de la Universidad Simón Bolívar para contactar al "científico español", porque su experimento podría ser la solución para perfeccionar los para-rayos.

ESTAFA DOBLE AGRAVADA – ROBERT ALONSO

Tuvimos que explicar que el segmento lo habíamos grabado meses antes y que para entonces ya el español se había regresado a España, donde nos era imposible contactarlo.

Un día se nos presentó un muchacho que quería que lo grabaran mientras él se lanzaba al vacío desde el tope del Salto Ángel. ¡Muerte segura! A la media hora me llamó a su oficina **Peter Bottome**, el "capo di <u>tutti</u> capi" de RCTV. Ya el departamento legal le había preparado una carta en la que yo me comprometía a no contratar al "clavadista loco". Cada segmento era un reto para RCTV, pero el programa llegó al primer lugar de sintonía y de una hora, se alargó a hora y media. Todos los segmentos eran embustes: menos uno.

Peter Bottome

El único segmento verdadero fue el de los "silbadores" de La Gomera, en las Islas Canarias, donde se había desarrollado un "lenguaje" a través de silbidos. Grabé a un campesino comunicándose con su esposa desde una cañada. Yo le pedía al campesino que le dijera a su mujer, por medio del silbido, que diera media vuelta y se sentara en una silla y, en efecto, el "silbador" acertaba con sus peticiones. El segmento jamás fue publicado, porque cuando lo estábamos editando en RCTV, todo el mundo lo consideró demasiado "chimbo" y: ¡totalmente increíble!

En uno de los reportajes de El Nacional, un periodista me bautizó **"El Ed Wood venezolano"**. Por supuesto, no me causó mucha gracia. **Wood** fue considerado el peor director y productor de cine de Hollywood: ¡de todos los tiempos! Había nacido en 1924 y fallecido en 1978. Además de producir sus películas, de muy bajo presupuesto, solía actuar en ellas. Sus films eran truculentos y le gustaba el género del terror.

ERIC COLON ecolomol@hotmail.com • FOTOGRAFÍAS DE ARCHIVO CORTESÍA DE ROBERT ALONSO

Robert Alonso: la historia detrás del Ed Wood venezolano

EL PRODUCTOR INCREÍBLE

Ed Wood empleaba "actores" desconocidos, con la finalidad de ahorrar en presupuesto. Tal vez en algo me parecía a **Wood**. Sin embargo, sacar una "unidad de exteriores" en RCTV, debido al sindicato, costaba una millonada. Eran camarógrafos, asistentes a los camarógrafos; técnicos de luces, asistentes a los técnicos de luces; técnicos de audio, con sus asistentes… choferes, etc. ¡Costaba un realero! Yo hacía casi lo mismo con un camarógrafo. Yo hacía las luces y me ocupaba del audio. En eso me parecía mucho a **Ed Wood**. Además, todos mis "actores" eran sacados del vecindario. Una vez puse a la cocinera de la casa como "actriz" en uno de los más exitosos segmentos: ¡La Novia Fantasma! Pero no me consideraba el peor productor y director de la televisión venezolana. A diferencia de **Wood**, mis programas "se vendían". Las películas de **Wood** eran verdaderos fracasos.

EXQUISITO, POLEMICO, CREATIVO E IMAGINATIVO, BUCEA EN EL CAMPO DEL TERROR SOBRENATURAL: La POLVAREDA EXORCISTA QUE DESATO EN EL CANAL 8 MOTIVO NUMEROSAS CONTROVERSIAS, DONDE HASTA POSIBLEMENTE LA IGLESIA HAYA TENIDO QUE VER. PERO, EL DIABLO EXISTE Y ROBERT ALONSO LO MUESTRA EN LAS PANTALLAS.

ROBERT ALONSO
Un productor y director de televisión, que quiere revivir las escrituras de Edgar Allan Poe.

Robert Alonso: "A LA GENTE LE GUSTA SENTIR EL TERROR"

por: AURA ESTELA LATTUF
fotos: AMENODORO MOROS

Es común ver en las carteleras de nuestro país, que anuncian con mucha frecuencia, la presentación de películas de terror y sobrenaturales. El fenómeno no sólo sucede en Venezuela sino a nivel mundial, y este tipo de películas ha tenido tanta aceptación en el público, que los productores se han visto en la necesidad de crear otras con escenas, mucho más sangrientas y espeluznantes. ¡La gente así lo exige!

¿Es que los seres humanos son masoquistas? Si estamos viviendo una época de violencia donde los atracos, asesinatos y violaciones están a la orden del día. ¿Por qué a la gente le gustan las películas donde se exalta el terror y la agresión física?

Para dilucidar un poco sobre estas interrogantes, decidimos hablar con Robert Alonso, Director y Productor General del programa "MAS ALLA DE LA COMPRENSION", que se transmi

En mayo de 1984, recibí un reconocimiento de la "Fundación Academia Nacional de Ciencias y Artes de Cine y Televisión", por mi aporte al "Primer Curso Panamericano de Producción y Dirección de Televisión", un esfuerzo conjunto entre los gobiernos de Francia y Venezuela, bajo la dirección del **Dr. Osmán Viloria**, prestigioso director general de la mencionada fundación. En dicho curso, por cierto, se recordó los tres objetivos primordiales de la televisión: informar, educar y **ENTRETENER**.

fundación
academia nacional
de ciencias y artes
del cine y la televisión

Caracas, 24 de mayo de 1984

Señor
Robert Alonso
Presente.-

Estimado Sr. Alonso:

Reciba un cordial saludo en nombre de la FUNDACION ACADEMIA NACIONAL DE CIENCIAS Y ARTES DEL CINE Y LA TELEVISION, en ocasión de expresarle nuestro agradecimiento por su valiosa colaboración prestada en el desarrollo del I CURSO PANAMERICANO DE PRODUCCION Y DIRECCION DE TELEVISION.

Este curso es la sumatoria de esfuerzos conjuntos entre el Gobierno Francés y el Gobierno de Venezuela, e Instituciones privadas del país, en especial el Dpto. de Tecnología Educativa del Ministerio de Educación de Venezuela.

El apoyo brindado por usted en la narración de experiencias vividas, su adaptación, flexibilidad y convivencia con el grupo de profesores y participantes, han enriquecido y le ha dado un sentido humano a estas muestras de Video Reportajes, cumpliendo así con uno de nuestros Objetivos Generales para la formación y actualización del factor humano que labora en los medios audiovisuales, así como para estimular y fomentar la investigación en el campo de la comunicación audiovisual.

Anexo a la presente le remito un cassette grabado donde se registran sus intervenciones, así como el proceso de producción que ha realizado el equipo de trabajo. Con el mismo deseamos testimoniarle una vez más nuestro agradecimiento por la colaboración prestada.

Deseándole éxito y bienestar, le saluda,

Atentamente,

Dr. Osman Vitoria
Director General.

Las Malvinas

En abril de 1982 estalló lo que se conoció como "La Guerra de Las Malvinas" entre Argentina y El Reino Unido por la disputa de las islas Malvinas, Georgias del Sur y Sándwich del Sur. Un conflicto bélico en el que se calcula que murieron 649 argentinos, 255 británicos y tres isleños.

El origen del conflicto fue un intento de la dictadura militar argentina, encabezada por el **General Leopoldo Galtieri**, de recuperar las mencionadas islas ocupadas por el Reino Unido en 1833. Para evitar que los argentinos recuperaran los archipiélagos, el gobierno de **Margaret Thatcher** movilizó la expedición militar más grande desde la Segunda Guerra Mundial. La conflagración también dio lugar a la primera guerra aeronaval desde la guerra del Pacífico. El ejército británico derrotó al argentino en una serie de batallas y combates, con una gran superioridad apoyada por la OTAN. Esto, sumado a la falta de preparación de la Fuerza Aérea Argentina, llevó a la rendición y el desalojo de los argentinos en los archipiélagos mencionados.

Gral. Leopoldo Galtieri

La victoria británica precipitó la caída de la dictadura argentina y el inicio de recuperación del estado de derecho, al tiempo que contribuyó a la reelección del gobierno conservador de **Margaret Thatcher** en 1983. Ambos países cortaron relaciones diplomáticas hasta 1990.

La Organización de las Naciones Unidas (ONU) continúa considerando los tres archipiélagos con sus aguas circundantes, como territorios disputados.

Tan pronto reventó el conflicto entre británicos y argentinos, "**El Viejo Saco**", productor principal del sabatino maratónico "Fantástico", animado por **Guillermito – "Fantástico" – González**, me mandó a llamar: ¡con carácter de urgencia! **Don Saco** era argentino y quería que preparara una "olla" (un montaje), llamando a los venezolanos a solidarizarse con el pueblo de Argentina en la "La Guerra de Las Malvinas". **Don Saco** pretendía que le solicitara al departamento de utilería de RCTV una maqueta de Caracas con luces que se fueran apagando a medida en que **Guillermito** solicitaba a la teleaudiencia que fuera apagando las luces de sus viviendas: ¡una locura! Para lograr el objetivo tenía menos de una semana. No habría forma ni manera que utilería lograra el proyecto de **Don Saco**.

Me fui por lo más fácil y lógico. Monté mi cámara en el mirador de la Cota Mil, desde donde se divisaba todo el valle de Caracas. Comencé a disparar, segundo a segundo, a golpe de nueve de la noche y terminé de grabar como a las 5 de la madrugada. Una vez editado, se vería cómo Caracas entera se iba apagando en "solidaridad" con los argentinos. Entre las pocas luces que quedaron prendidas para cuando terminé de grabar, estaba el inmenso aviso lumínico de "SAVOY", montado sobre un edifico de Colinas de Bello Monte.

Guillermito "Fantástico" González

Margaret Thatcher

En adición a ese montaje, me puse de acuerdo con los vecinos de un edificio donde vivía uno de los empleados de RCTV y, megáfono en mano, les iba pidiendo que fuesen apagando las luces de sus apartamentos. Todo quedó perfecto.

El próximo sábado sería "El Gran Día". **Don Saco** invitó al estudio al embajador de Argentina, en plena "Guerra de Las Malvinas". **Guillermito** comenzó a pedirle a su audiencia (millones de televidentes), que apagaran las luces de sus viviendas, en solidaridad con los argentinos: ¡y publicamos el video previamente editado! De fondo, la producción de "Fantástico" colocó el himno de Las Malvinas. Fue tan emotivo el montaje, que al embajador argentino le comenzó a dar un ataque cardíaco que ameritó el llamado urgente de una ambulancia. ¡Se nos había pasado la mano!

El embajador, por cierto, sobrevivió a su emoción y pocos días después fue llamado a La Argentina y nombrado canciller. **Guillermito** y yo nos ganamos un viaje al país austral, en reconocimiento por "nuestros esfuerzo solidarios".

Camino a Buenos Aires, hicimos escala en Brasil. La información que escuchamos en el Aeropuerto Juscelino Kubitschek de Brasilia, nos paró los pelos. Sería cuestión de horas antes de que los argentinos capitularan frente a la formidable fuerza bélica británica. Llegaríamos a una Argentina derrotada, sin embargo, al aterrizar en el Aeropuerto Internacional Ministro Pistarini de Buenos Aires: ¡todo era distinto! Se notaba una impresionante euforia, basada en una infundada creencia de que la guerra estaba siendo ganada por La Argentina. ¡Todo era falso! No en balde se asegura que la primera víctima de una guerra es la verdad.

Fuimos recibidos como héroes en Buenos Aires. Grabamos una serie de entrevistas, incluso – más tarde, cuando el equipo de "Fantástico" regresó a Venezuela sin mí – fui recibido por el propio **General Galtieri**, quien a las 10 de la mañana nos ofreció un whisky.

Galtieri era un individuo impresionante que me recordó al **General George S. Patton**, del séptimo ejército estadounidense durante la II Guerra Mundial. Estaba uniformado con un pantalón de equitación y unas botas marrones hasta sus rodillas. En su mano portaba un fuete y, al tiempo en que nos hablaba, se fustigaba una de sus botas con el fuete. Pensé que ya venía "soplado" (borracho). Nos condecoró a todos. De ahí nos invitaron a almorzar en "La Estancia", uno de los restaurantes de carne más famosos de Buenos Aires.

Había tenido un empleado uruguayo que me había enseñado a cocinar el estupendo "asado de tira": que tiene su técnica. Me recomendó que si una vez iba a Buenos Aires y cenaba en un restaurante de carne: ¡no se me ocurriera ni desayunar! El plato obligado a pedir en "La Estancia" era, precisamente, ¡asado de tira! Lo único que tenía en el estómago era el whisky que el **General Galtieri** me había brindado, horas atrás. La noche anterior no había cenado.

Cuál no sería mi sorpresa cuando me trajeron una "tirita" de asado… de costilla. **"¿Eso era todo?"**, me pregunté. Devoré la tira y ahí mismo me trajeron otra… y otra… y otra: ¡faltó poco para explotar! Estaban – sencillamente – deliciosas. Pasaron años antes de animarme a volver a pedir un plato de asado de tira.

Al día siguiente me llevaron a Comodoro Rivadavia, a unos 2mil kilómetros de Buenos Aires, en la lejana Provincia del Chubut, en el corazón Este de La Patagonia. Era el centro de operaciones militares durante "La Guerra de Las Malvinas", en cuyos hospitales llegaban los miles de heridos malogrados por los británicos. Ahí no había embustes. Apenas llegamos a "Comodoro", nos dimos cuenta de que la guerra estaba total y absolutamente perdida.

Volamos de Buenos Aires a "Comodoro" en un helicóptero de la Fuerza Aérea Argentina. Faltando minutos para aterrizar, el motor de la aeronave comenzó a fallar. Básicamente nos estrellamos en la pista de aterrizaje del aeropuerto militar. El helicóptero cayó de platanazo con las hélices rotando en dirección contraria. A partir de entonces me malogré tres vértebras de mi columna vertebral. Afortunadamente no hubo mayores "bajas".

"Fantástico" había contratado a un inglés que se explotaba dentro de una urna hecha de papel. (YouTube: "Robert Alonso explota a un súbdito británico"). Antes de su "actuación" (por la cual RCTV le pagó $ 5mil), se me ocurrió entrevistarlo, fuera del aire… ¡por supuesto! Cuando **Don Saco** vio "la entrevista", quedó altamente impresionado. Minutos después, una vez más, fui citado a las oficinas de **Peter Bottome**. Ahora sí estaba seguro de que me anularían el contrato con Radio Caracas. Resultó todo lo contrario. **Bottome** me pidió el video de la "entrevista" al inglés. Al regresar con el casete, en su oficina estaban reunidos todos los "chivos" del canal, a la espera de ver el material del inglés. Terminaron invitándome a almorzar y me prometieron un programa propio.

Entrevistando al inglés

Vinicio Carrera

Por aquella época había hecho un segmento para "¡Lo Increíble!" con una muchacha – bonitica, ella – que vivía con un león africano. A **Eladio** le causó impresión la chica y "le montó" un programa que llamaron "¡Lo Insólito Animal!", el cual duró muy poco, porque la muchacha – quien lo presentaba – no tenía madera de animadora, a pesar de su belleza física y del león. Me propusieron para que la acompañara como co-presentador y productor del espacio.

Vinicio Carrera

Paralelo a ese ofrecimiento, me contrataron para que produjera un bellísimo programa llamado "Venezuela: un original que no tiene copia", gracias al cual recorrí gran parte del territorio nacional, grabando lugares típicos e históricos venezolanos.

Sin embargo, para obtener la licencia de locutor en Venezuela, que me permitiera compartir "Lo Insólito Animal" con la dueña del león, tenía que aprobar un examen, de "cultura general", imposible de pasar. En los pasillos del canal corría un chiste con respecto al examen para obtener la licencia de locutor. El examen consistía – según el chiste – de tres preguntas. La primera era fácil: ¿dónde EEUU lanzó las dos bombas atómicas en Japón, durante el final de la II Guerra Mundial? La segunda era un poco más difícil, pero no tanto: diga quién fue el presidente estadounidense que ordenó el bombardeo atómico en Japón. Pero la cuarta era imposible de contestar: mencione los nombres y las cédulas de identidad de cada japonés que murió en las dos explosiones atómicas. Uno necesitaba "ayuda".

En adición a pasar el "peludo" examen, había que ser bachiller venezolano y yo me había graduado en Estados Unidos, por lo que – técnicamente – tendría que hacer la reválida, cosa que no estaba dispuesto a llevar a cabo. Entonces me recomendaron a "la mafia". Un individuo de apellido **Mora**, del sindicato de radio y televisión, por una "módica suma": me resolvía todo. Le pagué sus "honorarios" y a la semana era locutor, pero entonces **Eladio**, quien no veía con agrado que yo compartiera la pantalla con la chica del león, se enteró de la trácala y – según me aseguraron más tarde – me delató ante el Ministerio de Transporte y Comunicaciones. Total que me anularon el título. Al no poder co-participar con la propietaria del felino, **Eladio** tomó el lugar que me hubiera correspondido y por unas semanas – hasta que duró el espacio – acompañó a la bella chica.

El 15 de junio de 1982, **Oscar Saco**, quien estaba interesado en que yo continuara presentando segmentos fuera del estudio para su programa, "Fantástico", me echó una mano escribiéndole al entonces-ministro de Transporte y Comunicaciones, **Vinicio Carrera** – un connotado corrupto a más no poder – para que me eximiera de hacer la reválida con la finalidad de obtener mi título de locutor, algo que era perfectamente legal. Pero **Carrera** no mostró mucho interés. Era la época de **Luis Herrera Campins** y mi hermano era copeyano. Teníamos una amiga – **Ingrid** – muy activa en el partido COPEI, que era muy amiga del ministro **Carrera**. Ella me ayudaría a llegarle.

La propia **Ingrid** me advirtió que "algo" le tendría que dar al ministro para que me hiciera el favor. Por esos días la había invitado a la casa – a ella y a su esposo **Antonio** (QEPD) –, donde preparé una parrilla y notó que en mi biblioteca tenía un ejemplar original (y en alemán) de "Mein Kampf" ("Mi Lucha"), el único libro "escrito" por **Adolfo Hitler**, en 1925. El ejemplar de colección, lo había adquirido durante mi estadía como estudiante en Alemania. **Ingrid** sabía que **Carrera** era coleccionista de libros antiguos y me aseguró que con ese "regalo", iba a "coronar". Aquel "Mein Kampf", por cierto, costaba una pequeña fortuna. No sé si ese fue el mejor soborno que recibió el ministro en toda su carrera de corrupción. El caso es que funcionó y a la semana tenía un nuevo título de locutor. Por cierto, la oficina del ministro **Carrera** era más grande que nuestro apartamento. Él se sentaba allá en lo último, en un elegante escritorio de caoba. ¡Todo un personaje! Al entregar el gobierno del presidente **Herrera**, **Carrera** se vio forzado a huir de Venezuela para regresar años después, cuando su caso había prescrito.

48

Mundial de Fútbol "España 82"

Juan Lamata

En medio de todo aquel pandemónium comunicacional, llegó el mundial de fútbol, "España 82". RCTV se demoró en conseguir las credenciales para el mundial de los camarógrafos y me llamaron para que yo me fuera a España. Cuando **Juan Lamata**, gerente de producción, me dio la noticia, le advertí que yo detestaba el fútbol. Él ya lo sabía, porque cuando comenzaron los partidos, RCTV se paralizaba. Todos dejaban de trabajar menos yo, cosa que le llamaba profundamente la atención a todo el mundo. Cuando el narrador del partido anunciaba: "¡peligro, peligro!" a mí me daban ganas de vomitar. Resulté ser la persona idónea para mandar a España. Si alguna vez llegase a ser dictador de un país cualquiera, cosa que a mi edad ya lo dudo mucho, condenaría a cadena perpetua a todos aquellos a quienes encontrara jugando al fútbol o al golf.

Me llevé a "Siomi". La pasamos de lo mejor, pero "la cosa" era que tenía que "colearme" en los partidos, porque no tenía credenciales. Mi única "credencial" eran mis equipos de grabación. También me llevé a mi camarógrafo, **Alberto Chacón**. Como solamente tenía un equipo, RCTV me prestó una cámara y un VTR ("*video tape recorder*" o grabador de videotape); un aparato que entonces se conectaban a la cámara.

Lo primero que hice fue robarme un par de chalecos que le pertenecían a unos periodistas turcos. Uno para mí y otro para **Alberto**. En una oportunidad me "cacharon" y se produjo un verdadero escándalo cuando, **Helenio Herrera** (apodado "El Mago"), una de las "vacas sagradas" del fútbol mundial, contratado como comentarista por RCTV, intentó colearnos en el estadio Sarriá de Barcelona. El escándalo salió en la prensa.

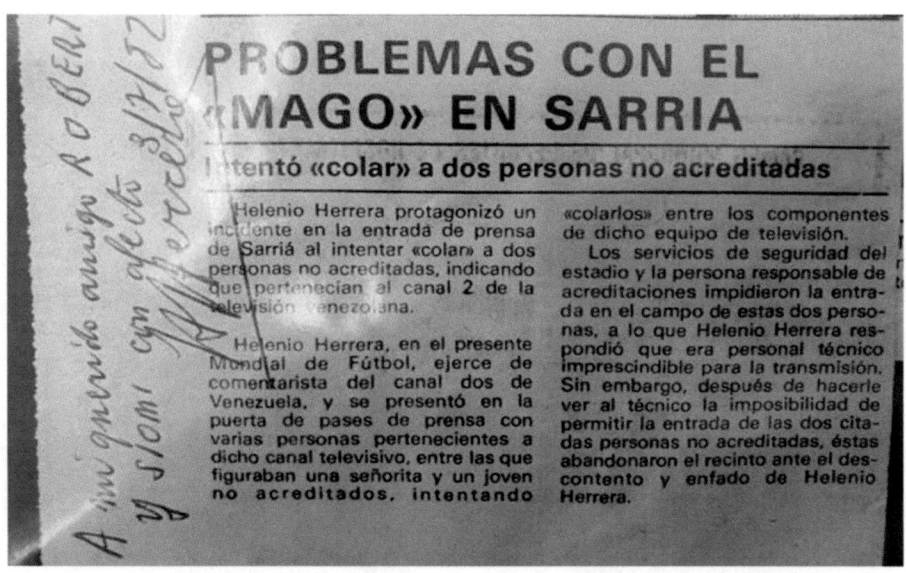

Helenio Herrera fue un futbolista y entrenador argentino . Jugaba como defensa y desarrolló la mayor parte de su carrera deportiva en Europa, especialmente en Francia, como futbolista y en España e Italia como entrenador. Conocido como *H.H.* o *El Mago*. Usó la estrategia de *catenaccio*, un sistema ultradefensivo muy sólido. Jamás había escuchado hablar de él, pero no lo dejaban quieto de tantos autógrafos que le pedían.

Mi misión en el mundial era grabar todo lo que, se suponía, no saldría por la televisión española, pero cada vez que apuntaba mi cámara hacia un "objetivo", salía un español a decirme que esa toma no estaba permitida. Entonces se me ocurrió entrevistar a un perro pastor alemán, de los que acompañaban a los policías: ¡y fue noticia mundial! Mi foto entrevistando al perro salió en muchísimas publicaciones de entonces.

Conocí a figuras importantes del fútbol, como el mejor comentarista mundial de fútbol de habla española: el colombiano **Andrés Salcedo**, con quien compartimos muchas veladas con el número uno del fútbol: **Pelé**.

Con Carlitos González en el Mundial

En el equipo de RCTV estaba el hoy-desaparecido **Carlitos González**, quien jamás pudo entender cómo RCTV había enviado a un camarógrafo que no conocía a **Sócrates** y al resto de las estrellas del fútbol universal, en especial a los brasileños, que eran los favoritos del "Mundial España 82".

Otra de mis misiones fue la de grabar todo el tiempo al "Pelusa", **Diego Armando Maradona**. Grabé, escondido de la Televisión Española, cómo – durante el partido – le daban patadas, codazos, lo escupían y le ponían zancadillas. Esas grabaciones me valieron un reconocimiento como "periodista gráfico": ¡que no lo era!

El último partido fue entre Alemania e Italia. Mi misión era la de grabar al técnico italiano, quien era un manojo de nervios. Entonces los micrófonos estaban conectados a la cámara mediante un cable, a través del VTR. Me instalé de espaldas al partido, que detestaba y le tiraba el micrófono al italiano para grabar las ordinarieces que gritaba. El técnico, al notar el micrófono, me lo lanzaba de regreso y así estuvimos durante el partido entero. Perdió Italia y en una reseña se dijo que los italianos habían perdido el partido gracias a un camarógrafo (yo) que estuvo todo el tiempo lanzándole un micrófono al técnico italiano.

Como "**Siomi**" y yo somos fanáticos de la comida española, le pedí a un taxista en Barcelona que nos llevara al mejor restaurante de comida española. Nada comparable a cualquier timbiriche español de La Candelaria, en Caracas y ni hablar de "La Cita", por mencionar nuestro restaurante español favorito en Caracas. La misma suerte corrimos en Madrid.

El Reto a Dios

De regreso a Venezuela, **Alberto** le pegó un golpe al VTR de RCTV entrando a un avión y le produjo una pequeña hendidura en la tapa del casete. Llegamos a Caracas y me tocó regresar los equipos prestados: la cámara (que costaba uno $ 30mil) y el VTR. Le pedí a **Alberto** que pusiera todos los equipos en mi camioneta. Cuál no sería mi sorpresa cuando veo a mi camarógrafo, pálido, informándome que alguien había roto el vidrio de la pickup, llevándose el VTR de RCTV. Antes de regresar al canal, pasamos por la PTJ (Policía Técnica Judicial) para poner la denuncia, paso importante para poder cobrar el seguro.

"Siomi", yo, Andrés Salcedo y Alberto Chacón en Barcelona

Llegamos a la policía y un escriba le tomó la declaración a **Alberto**. Al terminar su explicación de los hechos, le pidieron que firmara el documento bajo juramento, a lo que **Alberto** se negó rotundamente, alegando que él era evangélico y los evangélicos no juraban: ¡punto! ¡Yo lo quería matar!

El escriba me dijo que su esposa también era evangélica y con "esa gente" no había manera de discutir ni de razonar; entonces me preguntó si no tendría inconveniente en firmar yo la declaración, a lo que le respondí que no. En tal sentido, terminé firmando el oficio como si fue a mí a quien le robaron el VTR.

Al regresar a mi casa, escuché a **Alberto**, desde el baño del cuarto de servicio, llorando, gritando, gimiendo y hablando en "lenguas": "*¡jasamara guacatela chuki, chuki, rama… rama!*" ¿Había enloquecido?, me pregunté. Entonces me dijo que se estaba comunicando con Dios, pidiéndole que apareciera el VTR. Me aseguró que todo lo que uno le pide a Dios con fe, se nos concede: Juan 11:22.

Entonces reté a Dios. Le dije a **Alberto** que si el ladrón me traía el VTR, me convertiría al evangelismo inmediatamente. **Alberto**, en el nombre de Dios: ¡aceptó el reto!

Llegué a RCTV con la noticia y con la denuncia firmada por mí. A los pocos días, un empleado del canal me abordó para ofrecerme un VTR, sabiendo que yo tenía equipos profesionales de video. Le respondí afirmativamente y quedó en traérmelo al día siguiente. Cuál no sería mi sorpresa cuando veo que el equipo que me traía el mencionado empleado, tenía una hendidura en la tapa del VTR, justo donde entraba el casete de ¾ de pulgadas. Le pedí al "contacto" que me lo diera para llevarlo al departamento técnico del canal y revisarlo, a fin de constatar que estaba en buen estado, a lo cual el empleado de RCTV accedió. En segundos se determinó que se trataba del mismo equipo que el canal me había prestado para el mundial de fútbol, "España 82". ¡No lo podía creer!

El VTR no lo había robado el empleado de RCTV, quien lo había obtenido de un "aguantador", es decir: un individuo que vende bienes robados. Ahí mismo llamamos a la PTJ y el individuo fue detenido, juzgado y sentenciado a prisión. Cayeron, además, el aguantador y quienes lo habían robado.

Cuando **Alberto** me exigió que me bautizara, me eché para atrás: incumpliendo mi promesa. Sin embargo, ese evento se constituyó en su mayor "testimonio" y lo repitió mil veces en su vida de pastor evangélico. De que vuelan: ¡vuelan!

51

El Avión Cubano

El 6 de octubre de 1976, a los pocos días de haber nacido nuestra primera hija, **María Carolina**, un avión de Cubana de Aviación se precipitó al mar en aguas internacionales frente a las costas de Barbados en el Caribe, donde – supuestamente – fallecieron 73 personas, entre pasajeros (48) y tripulación (25), de los cuales 57 eran cubanos, 11 guyaneses y 5 norcoreanos. Al principio se pensó que el accidente había sido un error humano o un desperfecto de la vieja aeronave, un Douglas DC-8 que los **Castro** le habían alquilado a Air Canadá y que cumplía el Vuelo 455 de Cubana de Aviación. Ahí mismo se supo que se trató de un atentado.

DC-8 siniestrado de Cubana de Aviación el 6 de octubre de 1976

Meses antes se había llevado a cabo una reunión en Bonao, República Dominicana, dirigida por el médico pediatra, **Orlando Bosch Ávila**, máxima figura del CORU ("Coordinadora de Organización Revolucionarias Unidas"). En esa reunión, donde asistió un venezolano llamado **Hernán Ricardo**, quien dividía su tiempo trabajando para la DISIP (policía política de entonces, hoy SEBIN) y para el cubano anti-castrista, **Luis Posada Carriles**, se decidió eliminar a los tres Douglas DC-8 que Cubana de Aviación le había arrendado a Air Canadá, por considerarse "objetivos militares". En esas aeronaves eran transportadas las decenas de miles de soldados que **Castro** enviaba a la guerra civil de Angola, en el continente africano.

Orlando Bosch Ávila

El primero de los tres aviones se cayó mientras hacía un vuelo de prueba, luego de una reparación importante de sus motores. El segundo fue siniestrado, sin pérdidas humanas, en el hangar de Cubana de Aviación, en La Habana y el tercero fue siniestrado en aguas internacionales, frente a las costas de Barbados.

Luis Posada Carriles

Sobre ese sonadísimo caso escribí un libro que titulé "Los Generales de Castro", ya que llegamos a probar que fue el propio **Fidel Castro** quien derribó el DC-8, para deshacerse de siete generales cubanos que regresaban a Cuba (con poder militar y político), luego de pelear en Angola, quienes abordaron el avión en Guyana. La aeronave procedía de Venezuela, haciendo escalas en Trinidad, Barbados y Jamaica en ruta hacia la isla cubana.

Hernán Ricardo y Freddy Lugo

Hernán Ricardo viajaba en el avión siniestrado junto a un amigo, también venezolano y fotógrafo llamado **Freddy Lugo**. La supuesta misión de Ricardo era la de tomarles fotos a los pasajeros. Para cuando el avión hizo escala en Barbados, ya **Ricardo** había cumplido su misión. En compañía de **Lugo**, tomó un avión de regreso a Venezuela, con escala en la isla de Trinidad, donde **Ricardo** y **Lugo** fueron arrestados acusados de haber colocado en Barbados una bomba de material plástico (C4), en el baño del DC-8 de Cubana de Aviación. Finalmente fueron deportados a Venezuela donde se unirían a **Luis Posada** y

ESTAFA DOBLE AGRAVADA – ROBERT ALONSO

Orlando Bosch, quienes también habían sido detenidos por órdenes de **Orlando García**, un doble-agente cubano que fungía como jefe de la seguridad personal del entonces-presidente, **Carlos Andrés Pérez** y, además, era el verdadero "hombre fuerte" de la DISIP: ¡el que cortaba el bacalao!

Luis Posada Carriles, alias "Comisario Basilio"… alias "El Bambi", había nacido en la ciudad de Cienfuegos, mi ciudad natal, el 15 de febrero de 1928 y se había criado desde niño en la Calle Tacón, frente a la casa de mis abuelos paternos. Era, además socio del mismo club al cual asistía con mi familia, donde tenía una lancha que le puso "El Bambi", de ahí uno de sus dos apodos.

Posada llegó a Venezuela luego de haber sido miembro de la "Brigada 2506" que invadió la Bahía de Cochinos el 17 de abril de 1961. **Posada** llegó a ser comisario general de la DISIP y a su retiro fundó la empresa de seguridad y de investigaciones "ICICA". Fue un gran amigo de mi familia e, incluso, de la familia de "-**Siomi**", ya que vivió en el mismo edificio en Caracas. Cuando fue internado en el Cuartel San Carlos, mi padre y yo lo visitamos en muchas oportunidades.

Orlando García entre CAP y Fidel

Del Cuartel San Carlos se evadió utilizando una pistola de madera. Fue capturado y trasladado a la Cárcel Modelo en Caracas, de la cual intentó escapar empleando falsas bombas de un supuesto explosivo C4. Logró asilarse en la embajada de Chile, pero el entonces-presidente **Augusto Pinochet** accedió a las peticiones del entonces-presidente, **Luis Herrera Campins** y regresado a prisión, donde fue recluido en la Penitenciaría General de San Juan de los Morros, ocupando la misma una celda en la cual pasó un tiempo el **General Marcos Pérez Jiménez**. El 18 de agosto de 1985, logró fugarse de aquella prisión de máxima seguridad, para jamás regresar a Venezuela.

Posada, quien fuera miembro de la CIA en varias etapas de su vida, terminó coordinando las entregas de material bélico a los "Contras", en la guerra civil de Nicaragua, bajo las órdenes del **Coronel Oliver North**. En El Salvador fue asesor presidencial y más tarde lo fue en Guatemala. Mientras cumplía sus funciones en Guatemala, sufrió un atentado donde recibió varios tiros, uno de ellos en la boca, que le cercenó varios dientes y media lengua. Pudo confrontar exitosamente a sus atacantes castristas: dándole de baja a dos de ellos.

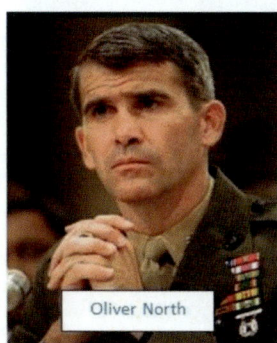

Oliver North

Posada fue acusado de perpetuar varios atentados en la isla de Cuba. En uno de ellos murió, fortuitamente, un turista italiano. La vida de activista anti-castrista culminó en Panamá, donde en el año 2000 fue acusado, apresado y sentenciado por orquestar un complot para eliminar, físicamente, al genocida **Fidel Castro**, mientras éste se encontraba en una convención internacional. El último día en su cargo, la entonces-presidente panameña, **Mireya Moscoso**, lo indultó y logró entrar – ilegalmente – en Estados Unidos, donde lo volvieron a apresar y juzgar. Al final logró que lo absolvieran en un escandaloso juicio que se tuvo que llevar a cabo en el estado de Texas. Amparado en el Art. 3ro de la "Convención Contra La Tortura y Otros Tratos o Penas Crueles, Inhumanas y Degradantes", pudo evadir la petición de extradición, tanto de Venezuela como de Cuba, países que lo reclamaban bajo el alegato que en ambos países se ejercía y se ejerce la tortura.

Luego de cuatro años de juicio en Venezuela por "la voladura del avión cubano", la Corte Marcial Permanente de Caracas absolvió a los cuatro indiciados, tras probar – más allá de toda duda – que la bomba que siniestró el DC-8 de Cubana de Aviación, había sido colocada en el compartimiento de carga de la aeronave, al que ninguno de los indiciados tuvo acceso. Además, según investigaciones de **Eric Newton**, experto británico con más de 200 casos investigados en siniestros aéreos, se comprobó que el explosivo empleado fue dinamita de tipo comercial, tal y como lo reflejó el llamado "Informe R.A.R.D.E", de la Real Fuerza Aérea Británica.

Mireya Moscoso

Pero con la sentencia absolutoria de la "Corte Marcial Permanente de Caracas", no se terminó la odisea de los cuatro indiciados: **Luis Posada Carriles, Orlando Bosch Ávila, Hernán Ricardo y Freddy Lugo**. La ley venezolana, en juicios como éste, exigía una ratificación o una revocatoria de la sentencia por parte de un tribunal superior. Ahí comenzó nuevamente un "ruleteo jurídico" en el que el caso lo "peloteaban" de instancias civiles a militares. Tras la sentencia absolutoria, el juicio cayó en la Corte Marcial, a cargo de su presidente: el **General Elio García Barrios**.

ESTAFA DOBLE AGRAVADA – ROBERT ALONSO

Pasaron meses y meses y **García Barrios** no decidía. Al final: ¡decidió no decidir! El juicio fue regresado a las instancias civiles y ahí comenzó un nuevo "ruleteo". Todos, del presidente de la república hasta los jueces y fiscales de la causa, le tenían un gran temor a **Fidel Castro**, quien en un discurso, ante un millón de cubanos, hizo la siguiente amenaza, para humillación del gentilicio venezolano: *"No caben excusas ni pretextos de ninguna clase. Todo el mundo sabe que ellos fueron los autores del sabotaje, todo el mundo lo supo desde los primeros días y las pruebas eran irrebatibles; las autoridades venezolanas saben que están absolviendo a los culpables. Sin son liberados en definitiva los autores de este repugnante y monstruoso crimen, Cuba considerará a ese fiscal, a esos jueces y fundamentalmente al gobierno de Venezuela, como los responsables del monstruoso crimen cometido el 6 de octubre de 1976".*

El Gral. García Barrios con Fidel Castro

En adición a estas terribles amenazas, una bofetada directa a la presidencia, al sistema judicial, a las fuerzas armadas venezolana y a Venezuela entera, se descubrió que el **General Elio García Barrios**, presidente de la máxima corte militar (La Corte Marcial), era gran amigo de Castro: ¡un infiltrado castrista en el mero corazón de la justicia militar venezolana!

El "Informe R.A.R.D.E." había sido entregado a la DISIP en su debido momento, pocos meses luego de la investigación llevada a cabo por el experto en siniestros aéreos, **Eric Newton**, a través de la embajada de Gran Bretaña en Venezuela. El informe – que probaba la inocencia de los cuatro procesados – cayó en mano del **Comisario General Orlando García**, quien – de facto – dirigía la DISIP y tenía una relación muy estrecha con el entonces-presidente **Carlos Andrés Pérez**, con quien se reunía diariamente. **Orlando García**, se conoció luego, era agente de **Castro** y se identificaba con el nombre clave de "Agente Bolívar".

Abogado Dr. Leandro Mora

Orlando García escondió el "Informe R.A.R.D.E." durante más de tres largos y tormentosos años, pero una copia les llegó a los encargados de la defensa de los indiciados, dirigida por el prestigioso abogado penalista, **Leandro Mora**. El informe fue consignado en el expediente del Consejo de Guerra Permanente de Caracas y el caso dio un giro de 180 grados. En consecuencia, el fiscal militar que acusaba a los indiciados, **José Moros González**, pidió – en septiembre de 1980 – la absolución de los acusados, tras la cual mi padre, otros invitados y yo, celebramos en la celda de **Luis Posada**, la misma que compartía con **Hernán Ricardo**.

Como ya he dicho, el caso se estancó en la instancia superior, donde el control lo tenía el **General García Barrios**. Entonces, en enero de 1982, **Luis Posada** me hizo llegar un mensaje para que fuera a visitar a su celda y me entrevistara con los cuatro procesados.

Posada conocía mis pasadas relaciones con "**Tony**" **Cisneros** y dedujo que podría serles de grandes beneficios si producía, con la ayuda de Venevisión (propiedad del "Grupo Cisneros"), un reportaje sobre el caso, a fin de presionar a "la justicia" venezolana y así aligerar el proceso absolutorio en La Corte Marcial, para lo cual necesitaba la aprobación del ministro de la defensa de Venezuela. Lo que **Posada** ignoraba era que mis relaciones con "el grupo", luego de la desaparición de "**Tony**", no eran "las mejores".

El miedo era "generalizado y sostenido", no solamente dentro del estamento militar y jurídico: ¡los medios de comunicación se cuidaban de no "molestar" mucho a **Castro**! Saliendo de la reunión con los indiciados, hice contacto con un buen amigo que tenía en el departamento de prensa de Venevisión, quien además me debía un gran favor, para que me consiguiera – clandestinamente – la mayor cantidad de material audiovisual sobre el famoso "Caso del Avión Cubano". La videoteca de Venevisión estaba repleta de "clips" sobre aquel sonado proceso... material que luego utilizaría en un documental que titulé "El Juicio del Siglo" (YouTube: "El Juicio del Siglo – Documental completo"). De hecho, el documental – que ganó

Fiscal Militar José Moros González

varios premios internacionales – jamás fue transmitido en Venezuela. Cuando se cumplieron los 20 años de "La Voladura del Avión Cubano", se lo propuse a Venevisión sin la pretensión de cobrar un solo centavo. La producción del canal le asignó el estudio de la decisión a **Oscar Yanes**, "Chivo Negro", quien se pasó un mes "revisando" el material. Al final – ¡20 años después! – no se animaron a transmitirlo. Por supuesto, ese caso y su proceso, fueron evidencias incuestionables de que en Venezuela el sistema judicial era una farsa, como lo es ahora durante el régimen de los **Castro** en ese país. El juicio de los cuatro indiciados fue el más largo en la historia judicial de la América hispana. **Luis Posada** terminó fugándose luego de ocho años de prisión, siendo el único prisionero en el mundo que se ha fugado habiendo sido absuelto. **Orlando Bosch** fue encontrado inocente luego de 11 años de juicio y los dos venezolanos, **Hernán Ricardo** y **Freddy Lugo**, – "los hijos de la panadera" – recibieron condenas de 20 años cada uno, como autores materiales.

La ayuda vendría por parte de la S.I.N. (Spanish International Network), con base en la ciudad de Nueva York. Había realizado unos cuantos documentales en Venezuela para esa cadena, entre ellos, una serie contratada por la ONU sobre sus actividades en la América hispana. Gracias a la S.I.N., pude distribuir "El Juicio del Siglo", cuando por fin lo terminé a mediados del año 1985.

El 11 de enero de 1982, sin embargo, le envié una carta al ministro de la defensa, condición primordial para poder llevar a cabo el plan mediático. Al día siguiente recibí una llamada telefónica del **General Carlos Quintero Florido**, el entonces-jefe del Estado Mayor, para programar una cita con el ministro.

La cita jamás se dio. Tres días después de la entrega de mi carta, lo que recibí fue el Oficio No. 0054, firmado por el mismo general (**Quintero Florido**), en la que se me negaba el acceso al Cuartel San Carlos para llevar a cabo la grabación y la entrevista a los cuatro indiciados por el famoso "Caso del Avión Cubano" y se me prohibió la entrada al Cuartel San Carlos, donde estaban recluidos los cuatro indiciados.

Castro le sacó mucho provecho al siniestro que él mismo llevó a cabo para deshacerse de los 7 generales que regresaban de la guerra de Angola. Lo primero que hizo fue construir un museo para venerar a las víctimas, sin embargo, entre las fotografías desplegadas de las víctimas, no aparecen aquellos altos oficiales que el régimen de Cuba había colocado dentro del avión: ¡los generales de Castro!

Premeditadamente, Fidel – premeditadamente – montó en el avión que sería siniestrado con su conocimiento y aprobación, al equipo de esgrima que había ganado unas competencias en Venezuela. Su régimen le hizo ver a la opinión pública que la aeronave transportaba unos inocentes civiles y a los deportistas cubanos. Jamás se informó que en el DC-8 de Cubana de Aviación, habían perecido siete conflictivos y peligrosos generales, cuadrados con el **General Arnaldo Ochoa**.

09/01/82

Dr. Mora:

El amigo Roberto Alonso, ha venido a vernos en buen plano, a fin de favorecernos positivamente en el sentido publicitario. Claro esta, que como esta materia gira en torno a hechos de carácter sensible y que usted tiene y debe manejar, se lo estamos enviando a fin de que usted proceda a coordinar e implementar lo que crea lo más prudente en la cuestión que nos atañe.

PD: Yo veo esto muy positivo, no obstante es mi opinión personal, pero es paralelo a lo que usted tiene pensado con lo del Mono Morales.

– Dr. Mora –

Roberto Alonso, tiene una entrevista con el Ministro de la Defensa el próximo lunes.

Nosotros le firmamos la carta que te mostrará, con la condición de que tú la apruebes, si es así el la entregará, sino la destruimos.

Un abrazo.

Jesus Posada

Caracas, y de enero de 1982

Ciudadano

MINISTRO DE LA DEFENSA

El Sr. Roberto Alonso Bustillo, portador de la cédula de
identidad No. V-3.986.959 quién se desempeña como productor independiente de televisión en Los Estados Unidos de
Norte América y que en estos momentos se encuentra en Venezuela al servicio de la S/I,N, (Spanish International
Network), es merecedor de toda nuestra confianza por ser
un periodista objetivo y serio.

Considerando que nuestras declaraciones para la prensa hispa
na norte-americana puedan llegar a clarificar ciertos puntos que se han venido manipulando el lo que nosotros creemos
para nuestro perjuicio, nos dirigimos a Ud. con el debido
respeto, con el fin de solicitarle permiso para que el Sr.
Alonso lleve a cabo una grabación en video de nuestras entrevistas en nuestras celdas del cuartel San Carlos a la mayor
brevedad posible.

Esperando comprenda Ud. nuestra posición en estos momentos
tan difíciles, y agradeciéndole de antemano su gestión, quedamos de Ud.,

Atentamente,

_____   _____
     Luis Posada   Hernán Ricardo

58

Caracas, 11 de enero de 1982

Ciudadano
MINISTRO DE LA DEFENSA
República de Venezuela

Excelentísimo Sr. Ministro:

Con todo el respeto que amerita su alta investidura, me dirijo a Ud. con el propósito de que se me conceda autorización para llevar a cabo la graba- ción en vídeo de una entrevista a los cuatro indiciados del llamado "CASO DEL AVION CUBANO" dentro de la prisión militar ubicada en el Cuartel San Carlos de esta ciudad.

En estos momentos actúo en nombre propio como productor independiente de televisión, pero mi trabajo sería entregado a la S.I.N. (SPANISH INTERNATIO- NAL NETWORK) cuyas oficinas principales están ubicadas en la ciudad de Nueva York y cuenta con mas de cien estaciones de televisión afiliadas en los Esta- dos Unidos. Todas de habla hispana.

Los derechos de mi trabajo en torno al caso arriba mencionado serían ob- tenidos por la S.I.N. no solo para el area de los Estados Unidos y Puerto Rí- co, sino para países como España, México, Rep. Dominicana, Chile y Venezuela, entre otros.

Se trata de confeccionar un documental de dos horas de duración con un enfoque objetivo, haciendo un recuento de todos los acontecimientos del caso, desde su inicio, hasta los momentos.

Para llevar a cabo este trabajo cuento con el apoyo de periodistas y te- levisoras locales, así como de la asesoría legal de abogados que están o han estado relacionados con el caso.

Este reportaje cumpliría una inmensa e importante labor social que no solo se podría calificar de informativa, sino que le daría la oportunidad a todas las partes de expresarse y clarificar hechos que hayan podido ser mal entendidos o tergiversados ante la opinión publica internacional de habla his- pana.

Consciente de que se trata de un trabajo en torno a un caso tan importan- te y trascendental a un nivel internacional, y en conocimiento de las conse- cuencias que podría derivarse de él, no solo como amante del estado de dere- cho y de la democracia imperante en este país, sino como venezolano que soy, puedo garantizarle que el mismo será producido con toda seriedad, limitándose a datos concretos ya probados o que puedan ser probados mas allá de toda duda, eliminando así la especulación, que desgraciadamente ha acompañado a tan sona- do caso.

Así mismo, estoy seguro que Ud. comprende el interés que envuelve a este caso, el cual escapa de nuestras fronteras siendo mi deber como periodista in- ternacional de informar a grupos étnicos que tienen tanto que ver con este delicado asunto   como nosotros los venezolanos.

Pagina # 2...

Es muy posible que los cuatros presuntos implicados sean ratificados inocentes por la Corte Marcial que estudia el caso y puestos en libertdad en un futuro no muy lejano. Es del interés de los indiciados clarificar ciertos puntos que según ellos consideran, han sido perjudicial para los mismos, por lo que tienen interés en dirigirse a la opinión pública internacional antes de que se les devuelva la deseada libertad.

Como de usted depende que en mi caso y en esta oportunidad, la sagrada labor del periodismo libre pueda llevarse a cabo, le ruego, muy respetuosamente, me autorice para cumplirla, para honra de Venezuela ante el mundo hispano.

Sin mas que tratar, y agradeciéndole de antemano todo lo que pueda Ud. hacer por mí, quedo de Ud., a su entera disponibilidad,

Roberto Alonso Bustillo
C.I. # V-3.986.959

DIRECCION: Qta. Aurachê
Av. Sta. María, El Bosque
Caracas

TELEFONOS: 71.19.06 / 71.23.85

72.75.96 CARACAS

RAB/bl

ARCHIVO No. 4211-10/1/82
CORRESPONDENCIA No. 13/82-A

REPUBLICA DE VENEZUELA

MINISTERIO DE LA DEFENSA

COMANDO DE LA GUARNICION DEL DF. Y E.M.

JEFATURA

Al contestar, referirse a:	
Nº Arch.: CG-J-	Nº Serial: 0054
Lugar y Fecha: Caracas, 14 ENE 1.982	
Dpto.: Ayudantía 172° y 123°	

Al: CIUDADANO
ROBERTO ALONSO BUSTILLO
QUINTA "AURACHI"
AV. STA. MARIA, EL BOSQUE
PRESENTE.-

Asunto.: SOLICITUD DE AUTORIZACION

Referencia:

En cumplimiento de instrucciones del ciudadano General de División (Ej) Ministro de la Defensa y Comandante de la Guarnición, tengo el agrado de dirigirme a usted, en la oportunidad de acusar recibo de su comunicación, en la cual solicita autorización para efectuar una grabación en video, de una entrevista a los indiciados en el "CASO AVION CUBANO", dentro del recinto del Cuartel "San Carlos".

En relación a sus particulares le significo, que dicha - solicitud ha sido negada.

Participación que hago a usted, para su conocimiento y fines consiguientes.

Dios y Federación,

GRAL,BGDA. (EJ) CARLOS G. QUINTERO FLORIDO
Jefe del Estado Mayor

ORIGINAL

WAPA TV

En eso llegó "El Viernes Negro" y decidí probar suerte en la isla de Puerto Rico, donde tenía tíos y muchos primos.

Llegué a la "Isla del Encanto y del Amor" en mayo de 1983 y aterricé en WAPA TV (Canal 4), que para la fecha era el canal de televisión más popular de Puerto Rico. Fui atendido de inmediato por **Richard Moore**, uno de los entonces-propietarios del canal: un estadounidense con muchos años en ese territorio libre-asociado a Estados Unidos de América, por obra y gracia de **Luis Muñoz Marín**.

La llave para entrar en WAPA como productor independiente y lograr un extraordinario contrato, además de una batería de cartas de recomendación que me había dado RCTV y la CBS, fue uno de los segmentos más exitosos de "¡Lo Increíble!" sobre la leyenda de la novia fantasma que salía "pidiendo cola", en la Carretera Vieja Caracas-La Guaira. Una vez dentro del carro, desaparecía y dejaba en su lugar un crisantemo. (YouTube: "Lo Increíble, La Novia Fantasma"). **Moore** no terminó de verlo y me envió de inmediato al departamento legal para discutir los términos del contrato. Así nació en Puerto Rico el programa "A Fondo".

"A Fondo" comenzó con "un tiro en el ala". El departamento de relaciones públicas del canal había enviado notas a todos los medios de comunicación de la isla, anunciando la pronta inauguración de un nuevo programa donde se tratarían temas escabrosos. Una mezcla de "¡Lo Increíble!", "Dimensión Humana" y "Alerta", programas que habían hecho historia en RCTV. La primera crítica negativa se publicó antes de su debut. Por esos tiempos había cierta animadversión a la contratación de extranjeros y, en especial, a la contratación de cubanos... quienes se habían "adueñado" de muchos negocios importantes de Puerto Rico. Específicamente se publicó el siguiente comentario: "*Robert Alonso, su productor (de "A Fondo"), es un cubano hasta ahora residente en Venezuela y debuta en nuestros medios televisivos, por los medios del Canal Cuatro. ¡Cien vivas a cualquier cosa que eliminen los enlatados y las películas viejas! ¿Pero no había aquí periodistas capaces de realizar un programa así?*"

Tal comentario "me aguó el guarapo", sobre todo porque el vicepresidente del canal, **William J Pérez**, no estaba muy "comprado" a la idea de que llegara un cubano a Puerto Rico a producir un programa "periodístico".

Sobre la "invasión cubana" a la isla, se tejió un interesante chiste. Frente a una importante empresa puertorriqueña había un pequeño cafetín donde todos los empleados y ejecutivos tomaban café y conversaban con el dueño del local, quien había notado a un individuo que barría la calle, frente a la sede de la empresa. También notaba que todos los empleados, incluso los altos ejecutivos, lo saludaban muy efusivamente y hasta le llevaban café y "fritangas". Un día, el propietario del cafetín le preguntó a uno de los ejecutivos quién era ese individuo, que tanto adulaban los empleados. El ejecutivo le respondió: "*ese es un cubano recién llegado, que dentro de unos meses seguro que será el dueño de la empresa*". No debemos olvidar que de Cuba salieron, en un principio, la crema y nada de sus profesionales, quienes se instalaron, principalmente en Miami y también en Venezuela y en Puerto Rico.

Puerto Rico era el perfecto lugar para un formato como el de "A Fondo". La isla estaba repleta de cualquier cantidad de creencias y religiones. Uno de esos grupos era el de los "Mitas", quienes profesaban una creencia verdaderamente increíble, pero que constituían un importante poder económico y hasta político. Fue creado por "Mita" (**Juanita García Peraza**), una mujer puertorriqueña que aseguraba haber sido escogida por Dios y designada la reencarnación del Espíritu Santo en su "tercera manifestación": algo que jamás entendí, a pesar de que me lo explicaron varias veces. Según los mitas, la primera manifestación del Espíritu Santo se llevó a cabo con Jehová, luego con Cristo y por último: con **Juanita**. Poco antes de morir esta señora en 1970, así como **Chávez** designó a **Maduro** su sucesor, **Juanita** designó a un tal **Teófilo Vargas**, quien en octubre cumplirá 99 años (si es que no se ha muerto ya), como sucesor, previo cambiarle el nombre para **Aarón**, un reconocido profeta bíblico, hermano mayor de **Moisés**.

Juanita García – "Mita"

El "vaticano" de los mitas está en Hato Rey, en el municipio de Río Piedras en Puerto Rico, donde la secta es propietaria de varias manzanas y de casi todos los negocios dentro de ellas. Por ahí comencé el primer segmento de "A Fondo", grabando a decenas de creyentes dándole vueltas de rodillas a la manzana donde está el "Estado Mayor". Cosas increíbles, de verdad-verdad. Los mitas creen que una vez **Juanita** le estaba orando a Dios y una estrella cayó del cielo y le pegó en la cabeza, como señal de que había sido escogida por El Señor. Luego de conocer a los mitas y a una división que no aceptó a **Aarón** como profeta y nuevo "papa", pensé que si algún día me iba mal, fundaría mi propia iglesia, tal vez en Puerto Rico.

En "El Yunque", un parque nacional ubicado a unos 50 kilómetros de San Juan,

¿SIN CENSURA?

Viene por ahí **A Fondo**, un programa para el que esperamos que el público esté maduro y los directores de canal donde se presentará, aún más.

A Fondo bregará con crímenes sin resolver, personalidades olvidadas, encuestas, entrevistas por el pueblo.

Robert Alonso, su productor, es un cubano hasta ahora residente en Venezuela, y debuta en nuestros medios televisivos, por las ondas del Canal Cuatro. ¡Cien vivas a cualquier cosa que elimine los enlatados y las películas viejas! ¿Pero no habían aquí periodistas capaces de realizar un programa así?

Robert Alonso

1 - 15 de junio de 1983

aterrizaban todas las noches – supuestamente – naves extraterrestres. Nos pasamos tres días esperándolas y no apareció ni una gaviota, pero logramos entrevistar a muchos "testigos", algunos de los cuales ya aseguraban – en 1983 – que la tierra era plana, una "teoría" que se ha venido popularizando, increíblemente, en Estados Unidos y en otros países del mundo.

Por aquellos tiempos había una gran controversia con respecto al tema del aborto. El entonces-presidente estadounidense, **Ronald Reagan**, se había pronunciado rotundamente en contra y había hecho de su posición un "punto de honor". El 13 de mayo de aquel año, 1983, le escribí una carta a la Casa Blanca, pidiéndole una entrevista a **Reagan**, para tratar el escabroso tema del aborto. Para cuando me concedieron la *entrevista*, ya mis días estaban contados en WAPA TV.

Gracias a "A Fondo", se logró resolver un famoso crimen, por lo que recibimos un reconocimiento de la policía de Puerto Rico. En fin, llegamos a producir muchos segmentos interesantes, pero la velada xenofobia persistía.

Una tarde me encontraba editando uno de los segmentos en uno de los cubículos de edición del canal y a un compañero puertorriqueño se le ocurrió echar un chiste, bastante malo… por cierto, sobre los cubanos. Al terminar el chiste, eché el mío sobre los puertorriqueños.

Siempre se ha dicho que en el Caribe hay tres imposibles: un cubano que no hable mierda; un dominicano que no sea mulato y un puertorriqueño inteligente. En adición a esta aseveración, de todos es conocido la típica expresión de admiración de los puertorriqueños: "*¡ay bendito!*"

Entre diciembre de 1979 y octubre de 1980, se produjo "El Éxodo del Mariel", durante la administración del anormal de **Jimmy Carter** (1977-1981). El mencionado éxodo se produjo a raíz de la toma de la embajada del Perú en La Habana, donde más de 10mil cubanos se asilaron, produciendo una de las mayores crisis civiles que tuvo que afrontar el régimen tiránico y genocida de **Fidel Castro**.

Para resolver la crisis, a **Fidel** se le ocurrió prometer que todos aquellos cubanos que quisieran abandonar la isla de Cuba, podrían hacerlo por el puerto del Mariel (a unos 50 kilómetros de La Habana), para lo que se requería que sus familiares los vinieran a buscar en embarcaciones que zarpaban desde Cayo Hueso, al extremo sureste de Estados Unidos, en el estado de La Florida. Miles y miles de embarcaciones se dirigieron a Cuba en busca de sus familiares. De la noche a la mañana, una pequeña embarcación, cuyo precio no excedía los $ 500, se disparó a $ 5mil.

ESTAFA DOBLE AGRAVADA – ROBERT ALONSO

Cuando las embarcaciones comenzaron a llegar al puerto del Mariel, **Fidel** obligó a los propietarios de las mismas a llevar cualquier cantidad de cubanos egresados de manicomios y prisiones. Muchos familiares residenciados en Estados Unidos se vieron en la necesitar de hacer varios viajes, antes de lograr evacuar a sus allegados. Entre los cubanos que **Fidel** evacuó a la fuerza de Cuba, estaban los homosexuales. Muchos cubanos se hicieron pasar por "gays" para poder obtener el permiso de salida de la isla. Debido a la ola migratoria, el régimen de **Castro** le advirtió a Estados Unidos que la mayoría de los disidentes eran *indeseables* ("escorias") que habían sido considerados un "peligro para la sociedad". Eso fue interpretado por la opinión pública estadounidense como una ofensa, de la cual se culpó al entonces-presidente **Jimmy Carter**, siendo uno de los factores (aparte de la lenta recuperación económica y la crisis de los rehenes en Irán) de su derrota en las elecciones del siguiente año.

"Marielitos" camino a La Florida

"El Éxodo del Mariel" dividió al exilio cubano, sobre todo en Miami. A los egresados por El Mariel se les llamaba, despectivamente, "marielitos". Las autoridades estadounidenses reportaron más de 100mil egresados durante aquel éxodo. Una cantidad importante fue detectada como enajenados mental, criminal y homosexual. A los "gays" se les dio libertad inmediata. Los criminales quedaron detenidos y con el tiempo fueron devueltos a Cuba, aunque no todos. El gobierno estadounidense decidió, por cuestiones humanitarias: proteger y mantener a los "locos".

En Miami corrió una poesía anónima, que aunque muy larga, recuerdo la parte inicial. *"Cuando ya muerto Fidel, se vaya a escribir la historia, se hablará de aquella escoria que salió por El Mariel. Salieron del puerto aquel más de diez mil maricones y cuarenta mil hijo-e'putas, que quieren vivir aquí (en Estados Unidos): ¡a costa de sus cojones!"*

El gobierno de **Carter** diseñó un programa para evaluar quiénes eran los maricones, quiénes eran los criminales: ¡y quiénes eran los enajenados mentales! Luego de detectar a los "locos", el gobierno se hacía cargo de ellos.

De ahí salió el chiste que les conté a aquellos compañeros puertorriqueños en el cubículo de edición de WAPA TV, el cual generó la anulación de mi contrato con esa estación de televisión.

Resulta que un cubano se encuentra con otro en la Calle Ocho de la Pequeña Habana, en Miami, alegándole que estaba en quiebra y a punto del suicidio. Su amigo, al escuchar tamaña tragedia, le recomendó que se convirtiera en "marielito". *"¿En marielito? ¿Cómo es eso?"* Entonces el amigo le explicó que había un cirujano cubano neurólogo que convertía a sus paisanos en "marielitos", para lo cual tenía que operarlos y quitarles la mitad del cerebro. Así, cuando fueran evaluados por las autoridades estadounidenses, serían declarados "enajenados mentales" y el gobierno se encargaría de ellos: dándoles medicina, comida, viviendas y hasta dinero en efectivo.

Al desesperado cubano le pareció una buena idea y le pidió los datos a su amigo de tan ingenioso neurólogo. Consiguió una cita urgente con el cirujano, quien le explicó en qué consistía el procedimiento y el desesperado cubano aceptó los términos.

La cirugía se llevó a cabo, pero cuando el operado despertó de la intervención quirúrgica, notó que sus familiares y que el propio neurólogo se mostraban tremendamente preocupados. Entonces el doctor le explicó: *"... amigo, tuvimos un terrible percance. La idea era extirparle la mitad de su cerebro, pero se nos fue la mano y le quitamos las tres cuartas partes."* A lo que el paciente cubano exclamó: *"¡Ay bendito!"*

Increíblemente, los puertorriqueños que escucharon el cruel chiste, no lo entendieron, razón por la cual me vi en la obligación de explicárselo. En lugar de convertir al paciente en "marielito": ¡lo convirtieron en puertorriqueño! No fue del agrado de ninguno, a pesar de que ellos "habían tirado la primera piedra" con el chiste sobre los cubanos.

Al día siguiente, el gerente de producción me llamó a su oficina, tremendamente contrariado. Me dijo que no podía permitir tamaño insulto al gentilicio boricua e, ilegalmente, anuló mi contrato.

Lo primero que hice, por supuesto, fue conseguirme un abogado cubano para demandar a WAPA TV. En eso recibí una llamada de "**Siomi**" donde me anunciaba que sería intervenida quirúrgicamente, de urgencia, para extirparle unos nódulos que le descubrieron en uno de sus senos, así que decidí volar a Caracas y dejar que mi abogado se encargara del asunto.

ES UNA PRUEBA INICIAL

¿Cómo reaccionaría la humanidad si descubriese vida extraterrestre?

• Un estudio realizado por la Universidad Estatal de Arizona revela que sería más probable que una persona tuviera una experiencia positiva

Venezolana de Televisión

Lo de "**Siomi**" no fue mayor cosa, pues el quiste, gracias a Dios no era maligno. De regreso a nuestro apartamento en San Bernardino, transitando por la Avenida Libertador (por debajo), me topé con una cola impresionante. Un vehículo se había caído y todo el tránsito estaba interrumpido.

"El Poeta" Lizardo

Casualmente, percibí que en unos carros más adelante se encontraba **Neyda Plessman**, una ex miss que había conocido en RCTV cuando producía el programa "¡Lo Increíble!". Nos pusimos a conversar mientras los bomberos resolvían el problema del tránsito y me dijo que "su marido" (**Rafael García Flores**), era "el nuevo dueño" de Venezolana de Televisión, a pesar de que el presidente era un personaje gris llamado **Pedro Francisco Lizardo**, a quien apodaban "El Poeta", cuyas únicas credenciales era haber sido dirigente de Acción Democrática, el partido que había llegado al poder de la mano de **Jaime Lusinchi** (1984-1989). Quedamos en vernos y cuadramos una reunión con "su marido", con quien más tarde se casaría y se divorciaría ahí mismo. A su boda, por cierto, asistimos – como padrinos – **Carlos Andrés Pérez** y yo.

Le presenté "al poeta" dos proyectos. Uno llamado "Cirugía" y otro: "Más Allá de la Comprensión", similar a "¡Lo Increíble!". Con "la palanca" de **García Flores**, me aprobaron los dos programas.

"Cirugía" fue el programa del cual me he sentido más orgulloso. La idea la tomé de un espacio similar que transmitía WAPA TV en Puerto Rico, donde se presentaban intervenciones quirúrgicas de principio a fin, explicadas en un lenguaje sencillo: entendible. Era un programa educativo, pero que tenía grandes probabilidades de ser comercializado, como en efecto resultó ser. El segundo, "Más Allá de la Comprensión", era "más de lo mismo": cargado de fábulas, embustes y cuentos de camino. "Cirugía" fue un éxito en cuanto a las ventas de comerciales. Se transmitía los viernes a las 11 de la noche y tuvo una importante audiencia, sobre todo dentro del gremio médico. "Más Allá de la Comprensión", por su parte, se transmitía los miércoles en horario estelar ("Prime Time") y llegó a ser, en su momento, el tercer programa

Rafael y Neyda

de la televisión venezolana, después del "Show de Joselo" y de la novela "La Mujer Sin Rostro", que transmitían Venevisión y Venezolana de Televisión, respectivamente.

Para entonces, había – únicamente – cuatro programas que estaban totalmente vendidos en VTV: "Monitor Hípico" (con **Ali Khan**), "La Mujer Sin Rostro" (una exitosa telenovela), "Más Allá de la Comprensión" y "Cirugía". Venezolana de Televisión, el canal del Estado: ¡daba pérdidas mil-millonarias!

Por "Cirugía" cobraba Bs. 10mil semanal y por "Más Allá de la Compresión": ¡Bs. 25mil semanal! ¡Me olvidé de Puerto Rico! Luego de firmar ambos contratos, regresé a la isla, le cancelé a mi abogado por sus servicios prestados, recogí mis macundales y me regresé – nuevamente – a Venezuela.

"Cirugía" lo presentaba, lo producía, lo narraba y lo editaba yo. Para presentar "Más Allá de la Comprensión" contraté a **Neyda Plessman** y a "su marido", **Rafael García Flores**, a quienes les pagaba (a cada uno) Bs. 3,750 semanalmente, que para entonces era "plata". Los gastos de producción corrían por mi cuenta, como productor independiente. La mitad de los ingresos brutos se me iban en nómina. ¡Ahí mismo comenzó la funesta y terrible corrupción!

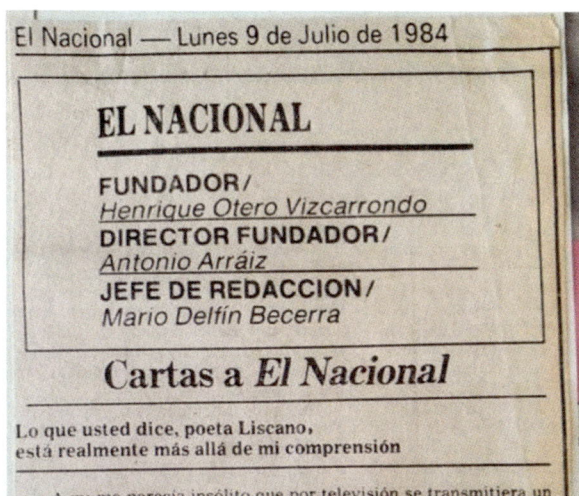

El Nacional — Lunes 9 de Julio de 1984

EL NACIONAL

FUNDADOR /
Henrique Otero Vizcarrondo
DIRECTOR FUNDADOR /
Antonio Arráiz
JEFE DE REDACCION /
Mario Delfín Becerra

Cartas a *El Nacional*

Lo que usted dice, poeta Liscano,
está realmente más allá de mi comprensión

A mí me parecía insólito que por televisión se transmitiera un programa como "Más allá de la comprensión", más increíble me parecía que fuese sacado al aire por Venezolana de Televisión (VTV-Canal 8), pero cuando verdaderamente mi estupor no tuvo límites fue cuando leí una crónica (EL NACIONAL, 28-06-84) donde se alababa dicho programa, se le calificaba de T.V. de alta categoría y todo esto firmado por un intelectual de la talla de Juan Liscano.

Aparte de las excelencias técnicas del programa, no entiendo cuál es el punto de vista desde el cual el Sr. Liscano puede considerar excelente esta T.V., que en mi opinión es altamente perjudicial.

¿Y qué opinan de este programa instituciones tales como el Ministerio de Educación, el de la Juventud, el Colegio de Psicólogos, los Médicos Psiquiatras, la Iglesia, el IVIC, Conicit, los Educadores, etc? Y si todas estas instituciones y profesionales coinciden con la opinión del Sr. Liscano, pues definitivamente soy yo la que está más allá de toda comprensión.

Por lo demás, estoy totalmente de acuerdo con el resto de la crónica del Sr. Liscano tanto en sus conceptos como en las calificaciones sobre nuestra T.V.

Maritza Luna Rad

El primer corrupto que hizo aparición fue un tal **Jorge Camarillo**, un sindicalista que fungía de secretario general del gremio de los artistas, quien puso el grito en el cielo cuando descubrió que VTV me estaba pagando Bs. 100mil mensualmente por el programa "Más Allá de la Comprensión". Alegando un rosario de "irregularidades" me contactó en mi oficina de Los Palos Grandes, para martillarme. Llamé a **Elio Navas**, un "empírico actor" quien, además, era "jefe de seguridad" en las grabaciones, aunque de vez en cuando "actuaba" en los segmentos desde "¡Lo Increíble!", cuando estaba en RCTV. **Elio** lo agarró por un brazo y lo sacó de mi oficina. El 8 de julio reventó la noticia a través de un entonces-famoso "periodista de denuncias" llamado **Raúl Vallejo**, quien le dedicó al "escándalo" casi una página entera en El Nacional.

Camarillo se le había enfrentado "al poder del Estado", ya que VTV era "propiedad gubernamental". Hasta ahí llegó el asunto, pero no la corrupción.

Cuando fui a cobrar mi primer cheque, el director de "finanzas" de VTV me recomendó que "me bajara de la mula" para poder cobrar los cheques al día, de lo contrario tendría que "ponerme en cola". El "tumbe" era de un 10%, que por motivos "tácticos" decidí pagar. En efecto. Todavía no se había vencido el mes, cuando ya estaba cobrando mis cheques. "La mordida" tenía que cancelarla en efectivo.

"Más Allá de La Comprensión" se posicionó en la teleaudiencia venezolana a lo largo y ancho de todo el país, ya que la señal del canal del Estado, a diferencia de los otros canales comerciales privados (Radio Caracas, Venevisión y Televén), llegaba a todos los rincones de Venezuela.

Sentamos "jurisprudencia esotérica". Un día se me ocurrió convertir a la histórica Ceiba de San Francisco, en el corazón del centro de Caracas, en un "árbol milagroso". Colocamos velas prendidas y cintas rojas alrededor de su tronco y se comenzó a aglomerar la multitud. Ya teníamos "actores" quienes, fumando tabacos, le daban las gracias a la ceiba: ¡por los favores recibidos! De ahí en adelante, La Ceiba de San Francisco, que estaba enferma y a punto de desaparecer, se convirtió en un "ícono santo". Gracias a ese segmento, las autoridades tomaron cartas en el asunto y "curaron" a la ceiba para que no fuese convertida en leña. Hoy en día el frondoso e histórico árbol está vivo y sano gracias a "Más Allá de la Comprensión": ¡y haciendo milagros!

El programa comenzó a generar comentarios. El 7 de julio de 1984, el famoso poeta – **Juan Liscano** (hermano de crianza del ex presidente **Rafael Caldera** y uno de los escritores contemporáneos más connotado de entonces), publicó unos comentarios a favor de "Más Allá de La Comprensión", alegando que aportaba al "acervo cultural" del venezolano: ¿?. Liscano se estaba refiriendo a un segmento donde aparecía un "curioso" (un brujo-curandero), que curaba con un zamuro (un zopilote o aura tiñosa). Increíblemente, miles y miles de venezolanos, de los estratos sociales más paupérrimos, pacientes incluso de enfermedades crónicas, se "consultaban" con estos tipos de charlatanes, quienes "curaban" hasta "la culebrilla". El brujo de nuestro segmento se lanzó con una "retahíla verborréica", empleando un pintoresco lenguaje que a **Liscano** le pareció "interesante" y "vernáculo". En consecuencia, publicó en El Nacional una nota exaltando la importancia de nuestro programa.

El 9 de julio de aquel mismo año, la **Sra. Maritza Luna Rad** (de quien jamás obtuve mayor información), le refutó a **Liscano** su apreciación. La protesta fue publicada por el mismo diario como respuesta al **Poeta Liscano**. Me sentí complacido que un escritor de la talla de **Juan Liscano** hubiera considerado mi programa como importante para el acervo cultural venezolano, pero no puedo negar que estaba total y absolutamente de acuerdo con la **Sra. Luna Rad**.

El periodista **Manuel Juan Carvajal**, uno de los críticos de la farándula más importante de Venezuela, si no el más, publicó un extenso reportaje a favor de "Más Allá de la Comprensión", exaltando la técnica empleada en los segmentos y el contenido de los mismos, lo que constituyó un importante espaldarazo al programa.

Fueron muchos los artículos que generó "Más Allá de La Comprensión", muchos de ellos a favor, aunque también – como es lógico – hubo muchos detractores. El programa continuó "viento en popa". Cada día se hacía más popular. Incluso, llegó a tener más aceptación que la que logró, "¡Lo Increíble!", transmitido por RCTV tiempo atrás (también producido por mí), lo que significó una importante victoria, puesto que jamás un espacio de VTV había podido competir con el "monstruo" que significaba Radio Caracas Televisión.

Por su parte, el espacio "Cirugía", se había posicionado en el medio venezolano de la medicina. En él presentaba técnicas quirúrgicas muy novedosas, como la de la llamada "Bolsa de Koch", que eliminaba las terribles y molestas bolsas plásticas que debían utilizar los pacientes con "anos artificiales". En un principio el Colegio Médico protestó por el programa, pero terminó respaldándolo, porque proyectaba procedimientos quirúrgicos que beneficiaban al gremio médico. "Cirugía" pasó a la historia como el único programa transmitido por una cadena de televisión estadounidense, la PBS (Public Broadcasting Service), la cual compró 52 programas: de los cuales solamente pudimos cumplir con la mitad.

¡Entonces explotó el verdadero escándalo!

A mediados del mes de agosto, de 1984, **Rafael García Flores** ("El Tullío") como le decían, despectivamente, en Venezolano de Televisión, se presentó en mi oficina de Los Palos Grandes para exigirme – "a lo macho" – que había un "compañero de partido" (de Acción Democrática), a quien tenía que contratar con un sueldo de Bs. 7,500 semanal, es decir: ¡ganaría más que él y que la **Plessman** juntos! De entrada me olió feo: ¿Bs. 7,500 semanal? ¿Haciendo qué cosa? Supuse que ese "sueldo" se lo repartiría con **García Flores**, pensé yo. En todo caso, "el compañero" no sabía ni prender una cámara. En varias oportunidades nos había acompañado en las grabaciones. Era un tipo simpático, pero inútil. Ante mi rotunda negativa, **García Flores** se me alteró y en esta oportunidad no llamé a **Elio Navas**: ¡yo mismo lo saque de mi oficina y lo metí en el ascensor del edificio!

El miércoles 22 de agosto me dirigía a mi casa en mi carro y en uno de los kioscos de periódicos y revista de una esquina, veo desplegado la primera página del vespertino "Meridiano" en la que se leía en grandes letras rojas: **"ACUSADO DE ESTAFA HERMANO DE MARÍA CONCHITA"**. Lo primero que me vino a la mente fue preguntarme en qué lío se habría metido mi hermano **Ricardo**, quien era abogado mercantil, pero quien jamás en su vida había tenido un percance de ninguna índole. Inmediatamente me bajé de mi vehículo, dejando la puerta abierta. Un carro que pasaba por el lado, se llevó la puerta por delante.

Cuando me acerco al kiosco, me doy cuenta de que se trataba de mí, por haberle emitido, supuestamente, cheques sin fondos a **Neyda Plessman** y **Rafael García Flores**. ¿Cheques sin fondos? Luego me enteré que los dos cheques que me había dado Venezolana de Televisión en pago de los programas "Más Allá de la Comprensión" y "Cirugía", habían rebotado debido a que la firma de quien emitió los cheques, no estaba registrada en el banco. De eso se agarraron los ahora-esposos, **Plessman** y **García Flores**, para acusarme por estafa.

En lo que llegué a la casa, luego de resolver lo del accidente del carro, llamé a **Neyda P Plessman** y me dijo que ese tema tenía que discutirlo con su esposo… ya no era "marido": **Rafael García Flores**, con quien no quise hablar. Inmediatamente llamé al abogado que había asistido a mi hermana en la demanda por difamación e injuria en contra de la actriz **Chony Fuentes**: el **Dr. Juan Cancio Garantón Nicolai**.

Más acá de la comprensión

Prohibición de Salida del País a Robert Alonso

Pedirán Hoy García Flores y Neyda Plessman

* El programa "Más allá de la comprensión" será sustituido por otro similar, pero menos "amarillista"

POR EDITH HERNANDEZ

El rollo pica y se extiende entre los animadores del programa "Más allá de la comprensión" Neyda Plessman y García Flores, y el productor Roberto Alonso, ahora resulta que el lunes en el mañana los esposos locutores pedirán prohibición de salida del país y además Neyda Plessman introducirá demanda contra el hermano de María Conchita por "exponerla al escarnio público".

Este asunto comenzó con la expedición de cuatro cheques sin fondo, como pago de honorarios por parte de Roberto Alonso a los conductores del sangriento y amarillista espacio extrasensorial, por la suma de 3.750 cada uno. Neyda logró cobrar sus cheques pero su esposo Rafael García Flores se encontró que no había fondos en la cuenta N° [illegible] del Banco La Guaira Internacional, pero tomó la previsión de llevarse un juez que realizara una inspección ocular, lo que de hecho termina de complicar el asunto, ya que Roberto Alonso también amenaza con otra demanda.

Se logró conocer que Rafael García Flores, quien ya presentó los cheques sin fondo por un monto en total de [illegible] bolívares, que es la suma de los cuatro cheques de [illegible] cada uno, la demanda correspondiente para este supuesto delito, será introducido en el transcurso del día de hoy.

LA DEMANDA DE NEYDA

Pero en este caso hay más. Ahora es Neyda la que introducirá una demanda judicial por exponerla al desprecio público, ya que Roberto o Robert Alonso la ha involucrado en el asunto, puesto que ella no ha dado declaraciones, no ha presentado cheques —ya que los cobró— y muchos menos ha intentado ninguna acción contra el productor. Por eso el origen de su demanda, para lo cual cuenta con el asesoramiento de dos veteranos abogados. Aunque por otra parte el demandado y demandante también cuenta con su hermano abogado, Ricardo Alonso.

Rafael García Flores y Neyda Plessman, pedirán prohibición de salida del país de Roberto Alonso.

LA PROHIBICION DE SALIDA DEL PAIS

Este rollo judicial de demandas y contrademandas, tendrá hoy un nuevo ingrediente, cuando en demanda conjunta los esposos García-Plessman, pidan prohibición de salida del país de Roberto Alonso, puesto que éste ya se mudó de las oficinas que tenía en el edificio Cavendes y se conoció que por otra parte, había enviado a su esposa e hijos hacia Estados Unidos, por lo que se teme que pueda ausentarse de un momento a otro.

EL PROGRAMA SALE DEL AIRE

A todas estas el espacio "Más allá de la comprensión" que tantas críticas ha tenido por lo amarillista y sangriento de las escenas presentadas allí, sale del aire. Es decir, su última emisión se produjo ayer domingo. Pero sin embargo se conoció que en Canal Ocho ya tienen otro listo, con el mismo corte pero con diferente tratamiento, que saldrá al aire en su lugar.

Juan Cancio Garantón

El **Dr. Garantón** no le dio mayor importancia, porque para él era un bochinche completo. Me dijo que eso era "chisme de farándula" y que me quedara tranquilo. Me preguntó por el monto de los cheques y le dije que eran por Bs. 3,750 cada uno. Me dijo que en toda su vida como abogado penalista, jamás había escuchado un caso por estafa valorado en Bs. 7,500, que al cambio no llegaba ni a US $ 1,000. ¡Una risa! Pero el caso se fue complicando, llegando a ser "El Escándalo del Momento" en Venezuela, donde un escándalo mataba al anterior.

El **Dr. Garantón**, para que me quedara tranquilo, averiguó que no se había introducido demanda alguna contra mí en ninguna parte, pero no me quedé tranquilo y le pedí que introdujéramos una "*noticia críminis*", debido a que "el delito" había sido ampliamente publicado en los medios. Luego de casi rogarle, el **Dr. Garantón** introdujo la "*noticia críminis*" en el Juzgado 2do de Instrucción de Los Palos Grandes, a cargo del **Juez Alfredo Sthory Ovalles**, el mismo que años atrás había sentenciado en contra de **Chony Fuentes** en el caso de difamación e injuria introducido en su contra por mi hermana, **María Conchita Alonso**. Al introducir la "noticia críminis" ante el juzgado al que – en todo evento – le correspondía conocer del caso, le picábamos adelante al entonces-matrimonio "**García Flores-Plessman**", pues estaba seguro de que el asunto no se esfumaría, como aseguraba el **Dr. Garantón**.

Introduciendo la "noticia críminis" con Garantón

En efecto, el 28 de agosto, **García Flores** introdujo una demanda por ESTAFA DOBLE AGRAVADA Y CONTINUADA en mi contra. Lo hizo ante la Juez Quinta de Instrucción Accidental, **Delia Roldán López**, una jueza suplente, incondicional y pieza del poderoso bufete de **David Morales Bello**, jefe entonces de lo que llamaban, en medios tribunalicios: "La Tribu". **García Flores** se había conseguido a uno de los abogados penalistas más desprestigiados de Venezuela, el "doctor" **Alberto Arrieta**, quien cargaba con el remoquete de "Doctor Chimbín".

Fueron saliendo sapos y culebras. En general, la prensa toda se solidarizó conmigo, principalmente, porque conocían a los personajes: a **Rafael García Flores**, a la jueza accidental (suplente) **Delia Roldán López** y, para colmos… ¡al "doctor" **Alberto Arrieta**! Hubo un solo periodista, famoso como palangrista, llamado **Alberto Amezquita**, de cuya pluma emanaba los reportajes y noticias sobre todo el veneno que el matrimonio **García Flores-Plessman** generó durante todo el proceso jurídico.

En primer lugar, según el código penal, para que exista el delito de estafa, tiene que haber habido una contraprestación, es decir, el estafador se debió haber quedado con un bien que le pertenecía al estafado. En este caso, de haber rebotado el cheque, la deuda persistía, por lo que mal podría considerarse estafa, muchísimo menos doble, agravada y continuada.

En segundo lugar: el supuesto "delito" de estafa se cometió en el Estado Miranda (Los Palos Grandes) y el tribunal que se consiguió el "doctor" **Arrieta** quedaba en el Distrito Federal, que para entonces no tenía jurisdicción en el mencionado caso.

En tercer lugar: cuando **Rafael García Flores** y **Neyda Plessman** fueron a "protestar" el cheque ante la entidad bancaria correspondiente (para entonces el Banco La Guaira, donde VTV y yo éramos clientes), en mi cuenta había más de Bs. 300mil. El gerente así se lo advirtió a la pareja, pero **García Flores**, en un impresionante exabrupto

Asegura abogado de Robert Alonso

El que Esté Detenido no Significa en Ningún Momento que sea Culpable

♦ El productor estará en el Retén de El Junquito hasta que sus abogados logren su libertad.

Por Elba Guillén

Ayer en horas de la mañana se entregó por ante el Juzgado Tercero de Instrucción y el productor de TV Robert Alonso, quien fue acusado del supuesto delito de estafa por los animadores Neyda Plessman y Rafael García Flores, y aunque el auto de detención fue dictado hace una semana, fue ayer cuando fi-

algunas investigaciones en relación a su caso y se le garantizará su caso... nalmente se puso a derecho, según la terminología legal. Robert Alonso, había permanecido ausente de la capital, hasta que sus abogados hicieran

Momento en que Robert Alonso en compañía de su abogado Juan Garantón, se entregaba en el Juzgado 2° de Instrucción la mañana de ayer. (Foto Rita Castro).

espetó: *"nosotros no hemos venido aquí a cobrar los cheques… ¡hemos venido a protestarlos!"* Por supuesto, el gerente del banco – quien luego declaró en el caso – no llevó a cabo "la protesta".

En cuarto lugar: yo había comenzado el caso, en el juzgado correspondiente, a través de la *"noticia críminis"*. El **juez Sthory** era el juez natural por varias razones. Por el otro lado, la jueza accidental (suplente), **Delia Roldán López** aceptó el caso y me dictó "auto de detención". La situación se puso seria y el **Dr. Garantón** me recomendó que me escondiera hasta que no se aclarara el panorama jurídico.

Entonces se produjo algo insólito: una guerra por la jurisdicción del caso entre el juez **Sthory** y la jueza accidental (suplente), **Delia Roldán López**. Es de hacer notar que los jueces accidentales, en la Venezuela de entonces, tenían muy mala reputación, porque era con ellos donde se hacían los más connotados chanchullos jurídicos. La fulana **Roldán López** le estaba "haciendo las vacaciones" al juez titular del tribunal de instrucción, que para entonces quedaba en el Edf. Pajaritos, cercano al Congreso Nacional, en el centro de Caracas: Distrito Federal.

Ya habíamos descubierto por donde venía "la cosa". Resulta que la madre de **Rafael García Flores**, era la telefonista del escritorio jurídico de **David Morales Bello**, quien durante el gobierno de **Rómulo Gallegos** (Acción Democrática), fue nombrado director de gabinete del Ministerio de Comunicaciones. Durante el gobierno de **Rómulo Betancourt**, Morales Bello fue quien gestionó la extradición del **General Marcos Pérez Jiménez**, ante los tribunales de la ciudad de Miami, en La Florida – EE.UU. Fue el abogado defensor del entonces-presidente **Carlos Andrés Pérez** en aquel sonado caso de corrupción por el buque Sierra Nevada. Tuvo muchos cargos gubernamentales. Fue varias veces diputado al Congreso Nacional y el encargado de traer a Venezuela "El Caso del Avión Cubano". Desde ese bufete de abogados se cocinó mi acusación de ESTAFA

Mi hermano Ricardo

DOBLE AGRAVADA Y CONTINUADA, cuando cualquier estudiante de primer año de derecho hubiera podido asegurar que ahí no hubo estafa alguna, porque no medió una contraprestación. En fin. La justicia en Venezuela, no se echó a perder con la llegada de **Hugo Chávez** a Miraflores. Ya venía enferma de muerte desde que Colón la descubriera.

Dr. Juan Garantón

A todas estas: ¡la vergüenza familiar! Nuestra hija, **María Carolina**, de ocho años de edad, se negaba a ir a su colegio. Mis padres, mis suegros: ¡mi esposa! El escándalo generó cualquier cantidad de chismes, no solamente en los medios dedicados a la farándula. Incluso, el caso trascendió las fronteras de Venezuela por aquello de ser "hermano de **María Conchita Alonso**". Mi familia en Puerto Rico, se enteró por la prensa local de la isla.

¿Qué clase de país era aquel en el cual se podía "cocinar" casos tan absurdos y tan impresionantemente descarados? **Thomas Jefferson**, el tercer presidente que tuvo Estados Unidos, aseguró que un país sin un poder judicial autónomo y probo: no era un país. Si nos guiamos por esa aseveración: Venezuela era una especie de "caricatura de país". En parte por eso los venezolanos la terminaron perdiendo.

Nuestra hija, María Carolina en épocas del escándalo

¿Qué clase de personas eran **Rafael García Flores, Neyda Plessman, David Morales Bello**, el "doctor" **Alberto Arrieta** y la jueza **Delia Roldán López**?

El **Generalísimo Francisco Franco y Bahamonde**, Caudillo de España por la Gracia de Dios, una vez advirtió: "*Seamos dueños de nuestro silencio y no esclavos de nuestras palabras*". No le hice caso al **Generalísimo Franco.** Cuando estaba en buenos términos con **García Flores**, le conté el evento en el cual se involucró el entonces-ministro **Carrera** para obtener mi título de locutor. Entonces, ya en pleitos, lo primero que hizo ese sinvergüenza fue acusarme de ser un falso locutor, sin embargo, el 17 de septiembre, la periodista **Elba Guillén**, de El Mundo, tituló: "(según alto funcionario del Ministerio de Transporte y Comunicaciones) "**SI ROBERT ALONSO ES FALSO LOCUTOR, RAFAEL GARCÍA FLORES FUE CÓMPLICE**".

Por un lado, si a ver vamos, los "no-falsos" locutores en la Venezuela de entonces hubieran podido haber sido contados con la mano mocha de un mocho, a menos que uno se graduara en la universidad de periodista (comunicación social). En torno a los exámenes había una mafia, como la había en casi todos los estamentos de las fuerzas vivas venezolanas. Pero uno de los que más chanchullos hizo con las "gestoría de los títulos de locución" (y de eso terminó viviendo, una vez que se quedó sin su espacio en la radio y todavía yo no lo había introducido en la televisión), fue el propio **Rafael García Flores**, presidente entonces, durante y hoy de un timbiriche que fundó llamado "Asociación de Locutores de Venezuela". No lo conocía entonces, pero de haberlo conocido, lo hubiera "contratado" para que me "gestionara" (tramitara) mi licencia de locutor.

Según alto funcionario del MTC

Si Robert Alonso es Falso Locutor Rafael García Flores Fue Cómplice

* Estiman en el organismo que el denunciante trabajó con el denunciado a sabiendas de la situación.

Por Elba Guillén

Independientemente del proceso que Rafael García Flores, le sigue a Robert Alonso por cheques sin fondo que al parecer carecían de fondos, existe la denuncia con respecto a la supuesta falsedad del título de locución, que a juicio del señor García Flores carece de validez y por ello en calidad de Presi

dente de la Asociación de Locutores de Venezuela denunció caso por ante el MTC y al parecer solicitó o solicitará la intención de la Fiscalía.

Consultamos el caso ante un representante del MTC y nos indicó que el caso de Robert Alonso sí está siendo investigado, pero en caso de que resultara cierta la acusación de García Flores éste resultaría igualmente involucrado por cuanto él estaba en conocimiento de la situación del señor Alonso cuando se constituyó en socio del acusado en el espacio "Más allá de la comprensión".

Como la **jueza Roldán** me había dictado "auto de detención", a pesar de haber actuado fuera de su jurisdicción, el **juez Sthory** no tuvo más remedio que enviarme a la cárcel. En su tribunal me puse a derecho bajo ciertas condiciones. Una de ellas, que no se le anunciara a los medios de comunicación de mi entrega y la otra: ¡que no me esposaran!

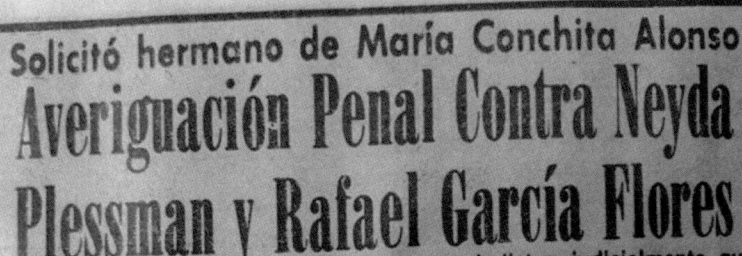

Solicitó hermano de María Conchita Alonso

Averiguación Penal Contra Neyda Plessman y Rafael García Flores

Por Ricardo Márquez

—averiguación penal contra neyda plessman y rafael garcía flores, del programa "más allá de la comprensión", fue solicitada por roberto alonso, hermano de marla conchita alonso, en el juzgado tercero de primera instancia penal de los palos grandes.

en la solicitud de averiguación, está asistido roberto alonso, por el doctor juan cancio garantón, quien explicó a los periodistas judicialmente que el origen del problema radica en el hecho de que recientemente apareció en ó- güórganos de prensa capitalinos, información en la cual se afirma que roberto alonso estafó a neyda plessman y a rafael garcía flores con unos cheques.

en virtud de que podría existir la comisión de delitos de acción pública, el doctor juan cancio garantón solicitó la averiguación sumarial de rigor, según explicó ayer.

David Morales Bello con el entonces-presidente de Venezuela: Jaime Lusinchi

72

El Retén de El Junquito

El 24 de septiembre, desde el tribunal del **juez Sthory**, me trasladaron al Retén Judicial de El Junquito, el mejor retén judicial de Venezuela. En realidad estaba dividido en dos partes. Una de ellas de varios pabellones, destinada "al perraje", donde habitaban algunos de los presos más peligrosos del país que habían sido trasladados a El Junquito para que se portaran bien, pues las condiciones carcelarias eran veniales. La otra parte, el "Pabellón H", era la de los "criminales de cuello blanco" y estaba justo a la entrada. De esa sección (o pabellón), el que se hubiera querido escapar lo hubiera hecho, pero no valía la pena. Si hubiera querido, me hubiera fugado al día siguiente de llegar al penal, caminando por el portón de entrada… tranquilamente y sin nervios.

Todo el penal estaba esperando "al hermano de María Conchita". La primera noche la pasé en "la candela", con los "criminales de cuello azul". Lo primero que me dijo el director de la cárcel, con quien luego cultivaría una interesante amistad, fue que sería "colchonero". ¿"Colchonero"? ¿Qué es eso? Muy pronto aprendí que los "colchoneros" eran los que dormían en el suelo, sobre un delgado colchón que tenía un "hedor a nido de mono", como hubiera sentenciado mi adorada y recordada **Abuela Carmelina**, QEPD.

Fue una noche horrible. En primer lugar, la celda estaba diseñada para 20 reclusos y en ella dormía un centenar, lo que no era lo peor. Lo peor era el rancio olor a orine, ya que los "urinarios" quedaban a pocos metros de la celda. Un olor insoportable y terriblemente penetrante. Pero al día siguiente todo cambió cuando fui trasladado al tribunal del **juez Sthory**. Como era un "caso sonado", repleto de irregularidades jurídicas, me trasladaron al día siguiente, cuando había reclusos en la "Sección del Perraje" (como le llamaban), que tenían meses y meses esperando un traslado a los tribunales.

Mi madre, Conchita Bustillo

Ahí, en el tribunal, me estaba esperando mi madre, quien me dio la grata noticia que al regresar a El Junquito, me asignarían a la "Sección de Los Chivos", la buena… la de los "criminales de cuello blanco": en "Pabellón H". El **Dr. Garantón** consignó un pertinente escrito. Me hicieron firmar un par de oficios y me regresaron "a prisión".

Ah…! Mi mamá me había traído un suculento almuerzo, que devoré por partes. Además, me trajo un mercado con langostas, cangrejos, harina de maíz y todos los ingredientes para cocinar mi plato favorito cubano: ¡tamal en cazuela! ¡No lo podía creer! Aunque no la probé jamás, los reclusos me contaron que la comida del retén era pésima. Ya hablaré, sin embargo, de lo rico que comí en el Retén Judicial de El Junquito.

El almuerzo que me había traído mi madre me cayó pésimamente mal… tal vez por los nervios y por el apuro. Llegué de regreso al penal y entré en lo que sería mi celda. Era del mismo tamaño que las de arriba, que la del "perraje", solo que la habitaba un solo recluso, quien tendría que compartirla, de ahora en adelante, conmigo. No lo vi, pero noté sus pertenencias, sus medicinas, un radio, ropa, etc. En lugar de dormir en un delgado colchón en el suelo, me tocaría dormir en una litera. Escogí la de abajo. Luego me dijeron que si quería, podría traer mi propio colchón, cosa que no llegué a hacer.

De pronto me dieron unas ganas horribles de evacuar y pregunté dónde quedaba el baño. En la "Sección de los Chivos" no cerraban la reja y uno podía salir por las noches a coger fresco o a fumarse un cigarrillo. Me acostumbré a esos paseítos, puesto que era un lugar de tertulia de los presos de "cuello blanco", en el estacionamiento, donde nos reuníamos para echarnos los cuentos. Todo los reclusos estaban interesados en mi hermana: su nuevo novio, si se casaba, dónde vivía y todo ese farandulerismo típico del venezolano de siempre.

Luego de acomodarme en la litera de "mi propiedad", salí por la reja hacia el baño. Entré en un salón grande sin duchas, pero con unos cuantos tambores de 50 galones, repletos de agua, con la que nos bañábamos. De repente escuché el agudo gruñido de alguien que intentaba evacuar. Evidentemente sufría de estreñimiento. Buscando un sanitario donde hacer mis necesidades, vi a un señor grueso, ya mayor, en cuclillas, apuntando hacia un hueco: ¡un cuadro tremendamente denigrante! En la mejor prisión de Venezuela: ¡no había sanitarios! Había un canal alargado donde se orinaba y unos huecos horribles (excusados), donde se evacuaba. El personaje que gruñía era, nada más y nada menos, que el **Doctor Nerio Neri Mago**, otrora presidente de la CANTV, quien terminó cumpliendo pena durante la totalidad de la gestión de **Jaime Lusinchi**, acusado de corrupción. Minutos después me di cuenta de que se trataba de mi compañero de celda.

Robert Alonso llegó a Venezuela hace poco más de tres años para llevar adelante algunas de las teleseries que tenía en mente, escritas y hasta llevadas a cabo en programas pilotos. Desde 1981 a esta parte, el hermano de María Conchita gestionó los permisos y financiamientos necesarios y, finalmente, con el cambio de gobierno en la Televisora del Estado, lo logra en asociación con Valentín Ladra y los esposos Rafael García Flores y Neyda Plessman. Para el momento de este reportaje, Alonso se encuentra detenido en el Retén Judicial del Junquito acusado de una serie de irregularidades, supuestamente cometidas durante la producción de los espacios "Cirugía" y "Más allá de la comprensión".

Desde Hollyood su hermana María Conchita, seún se supo de fuentes dignas de todo crédito, le había prevenido de los malos ratos que suelen pasarse en el ámbito televisivo venezolano. Pero eran muchos los deseos de Alonso de llevar estas ideas a la práctica, por lo que no atendió a mayores comentarios ni detalle alguno en la realización de los espacios.

Para la crítica, los trabajos de Robert son dignos de elogios sobre todo el de los quirófanos, en donde por primera vez se unen profesionales de la medicina y técnicos audiovisuales venezolanos, para llevar al público un acercamiento con los fríos pabellones de los hospitales.

El otro espacio, "Más allá de la comprensión", no gozó de tanta aceptación, aunque, por supuesto, tenía su público. Fue allí donde surgieron los problemas que pueden dar al traste con la joven carrera del Alonso menor. Primero fue la salida del director de "Cábala", Valentín Ladra, también por celo profesional de la pareja García Flores-Plessman. Y más tarde el incidente del que se hizo eco toda la prensa especializada, en el que el presidente de la asociación de locutores de Venezuela, Rafael García Flores, acusó de Robert Alonso, hasta entonces su socio. de haber supuestamente emitido cheques sin fondo y también presume acusarlo de falsificar documentos para lograr hacerse locutor venezolano.

Todo esto mantiene en estado depresivo a la vedette venezolana más importante del momento, María Conchita Alonso, quien puede llegar de un momento a otro procedente de Estados Unidos para darle una manito a su hermano, quien, sin saberlo, caminó hasta el borde del abismo con gente a sus espaldas decida a darle ese pequeño empujón.

Un caso digno de "Más allá de la comprensión" está pasando en los actuales momentos Robert Alonso, hermano menor de la actriz y vedette María Conchita Alonso, por unos supuestos cheques "fantasmas" que emitió contra sus antiguos socios, Rafael García Flores y Neyda Plessman.
Por Gustavo Gil

El Caso "Más allá de la comprensión"

HERMANO DE MARIA CONCHITA PRESO EN EL

14

V.GRAFICA-7-10-84

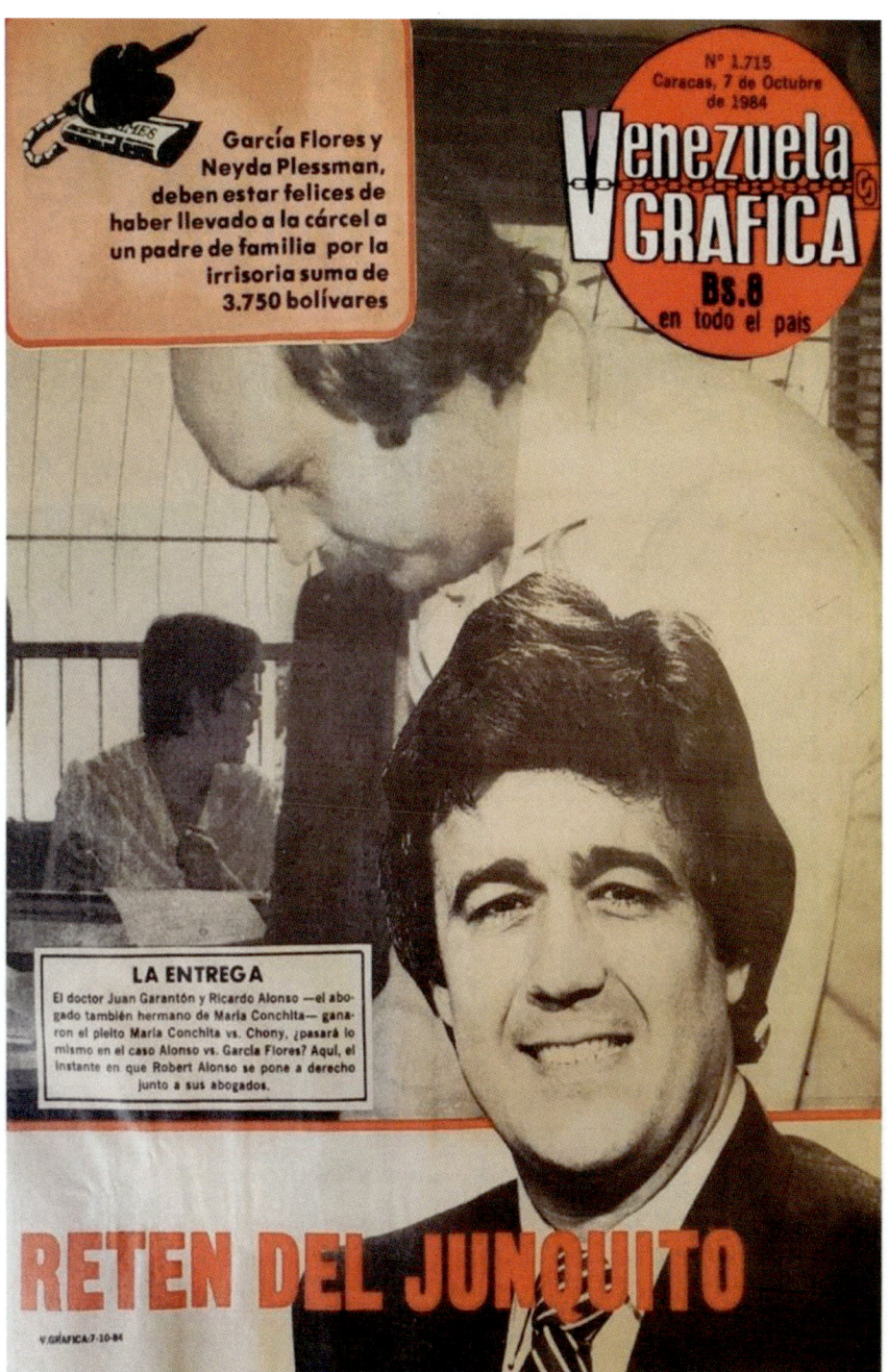

García Flores y Neyda Plessman, deben estar felices de haber llevado a la cárcel a un padre de familia por la irrisoria suma de 3.750 bolívares

Nº 1.715
Caracas, 7 de Octubre de 1984

Venezuela GRAFICA

Bs.8
en todo el país

LA ENTREGA

El doctor Juan Garantón y Ricardo Alonso —el abogado también hermano de María Conchita— ganaron el pleito María Conchita vs. Chony, ¿pasará lo mismo en el caso Alonso vs. García Flores? Aquí, el instante en que Robert Alonso se pone a derecho junto a sus abogados.

RETEN DEL JUNQUITO

V.GRAFICA-7-10-84

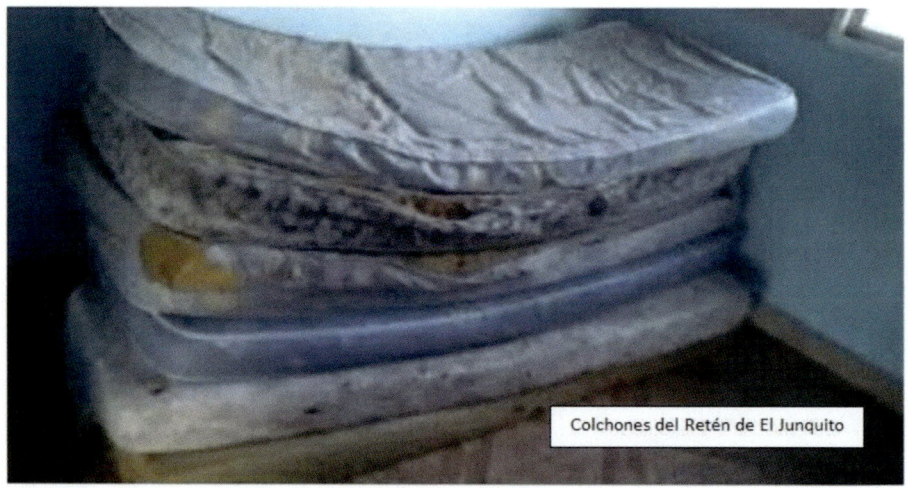

Colchones del Retén de El Junquito

Ah…! Mi mamá me había traído un suculento almuerzo, que devoré por partes. Además, me trajo un mercado con langostas, cangrejos, harina de maíz y todos los ingredientes para cocinar mi plato favorito cubano: ¡tamal en cazuela! ¡No lo podía creer! Aunque no la probé jamás, los reclusos me contaron que la comida del retén era pésima. Ya hablaré, sin embargo, de lo rico que comí en el Retén Judicial de El Junquito.

El almuerzo que me había traído mi madre me cayó pésimamente mal… tal vez por los nervios y por el apuro. Llegué de regreso al penal y entré en lo que sería mi celda. Era del mismo tamaño que las de arriba, que la del "perraje", solo que la habitaba un solo recluso, quien tendría que compartirla, de ahora en adelante, conmigo. No lo vi, pero noté sus pertenencias, sus medicinas, un radio, ropa, etc. En lugar de dormir en un delgado colchón en el suelo, me tocaría dormir en una litera. Escogí la de abajo. Luego me dijeron que si quería, podría traer mi propio colchón, cosa que no llegué a hacer.

Excusados de El Junquito

De pronto me dieron unas ganas horribles de evacuar y pregunté dónde quedaba el baño. En la "Sección de los Chivos" no cerraban la reja y uno podía salir por las noches a coger fresco o a fumarse un cigarrillo. Me acostumbré a esos paseítos, puesto que era un lugar de tertulia de los presos de "cuello blanco", en el estacionamiento, donde nos reuníamos para echarnos los cuentos. Todo los reclusos estaban interesados en mi hermana: su nuevo novio, si se casaba, dónde vivía y todo ese farandulerismo típico del venezolano de siempre.

Luego de acomodarme en la litera de "mi propiedad", salí por la reja hacia el baño. Entré en un salón grande sin duchas, pero con unos cuantos tambores de 50 galones, repletos de agua, con la que nos bañábamos. De repente escuché el agudo gruñido de alguien que intentaba evacuar. Evidentemente sufría de estreñimiento. Buscando un sanitario donde hacer mis necesidades, vi a un señor grueso, ya mayor, en cuclillas, apuntando hacia un hueco: ¡un cuadro tremendamente denigrante! En la mejor prisión de Venezuela: ¡no había sanitarios! Había un canal alargado donde se orinaba y unos huecos horribles (excusados), donde se evacuaba. El personaje que gruñía era, nada más y nada menos, que el **Doctor Nerio Neri Mago**, otrora presidente de la CANTV, quien terminó cumpliendo pena durante la totalidad de la gestión de **Jaime Lusinchi**, acusado de corrupción. Minutos después me di cuenta de que se trataba de mi compañero de celda.

Entre los presos de "cuello blanco" estaban unos sindicalistas del partido de gobierno (Acción Democrática), a quienes les habían hecho un "número ocho", según ellos, gracias a una conspiración interna para sacarlos de la CTV (Confederación de Trabajadores de Venezuela). Tenían ya tiempo presos. También estaban los implicados de la "Estafa del 0000", o algo así; el grupo administrativo de la Lotería del Táchira (creo), que se había puesto de acuerdo para que salieran en el "sorteo" todos los ceros. Uno de ellos, el locutor que cantaba las bolitas, al comenzar el sorteo solía decir: "*¡suerte para todos!*" Cada noche, cuando se despedía para meterse él mismo (como todos nosotros) en su celda, se despedía de la misma forma: "*¡suerte para todos!*"

Tamal en Cazuela

A las nueve en punto de la noche, apagaban las luces de los pabellones, pero nosotros teníamos lámparas, televisores, etc, los cuales enchufábamos en tomacorrientes conectados a cables "clandestinos". Lo primero que hace un preso es "robarse la electricidad". Desde el director de El Junquito hacia abajo, todos sabían que la electricidad se robaba, descaradamente. De hecho, una noche hubo un programa especial, que ahora no me acuerdo cuál era y tanto el director como varios guardias nacionales que cuidaban el penal, nos acompañaron sentados en las literas vacías, mientras veíamos el programa. Lo único que sí no había, era permiso para ingerir bebidas alcohólicas y ni hablar de drogas. Los presos se cuidaban mucho de cumplir con las regulaciones, porque de ser detectados en algo grave, eran trasladados a prisiones infrahumanas, de donde muchos de ellos venían. El buen trato y las excelentes condiciones de El Junquito, era el mejor método para apaciguar al más peligroso de los criminales, por temor a ser regresados al "infierno".

Sanitario de Vencerámica

El **Dr. Nerio Neri** tenía muchos problemas de salud, entre ellos, la hipertensión arterial. Tenía un yerno médico, **Eduardo Troconis**, quien venía todas las tardes, religiosamente, a tomarle la presión y a revisarlo. Todos los presos de "cuello blanco" que compartían el pabellón con nosotros, aseguraban que el **Dr. Neri** era una persona decente y correcta, que jamás se embolsilló un solo céntimo del erario nacional. Sin embargo, corría una historia en la que se aseguraba que su delito fue el de presentarle a **Jaime Lusinchi**, cuando era diputado, a su secretaria, una colombiana de nombre **Blanca Ibañez**. Había una discrepancia en cuanto a la historia. Unos aseguraban que la **Ibañez** había sido su amante, algo que otros negaban rotundamente. Por respeto jamás le toqué el tema al **Dr. Neri** durante las muchas horas que pasamos juntos, pero al salir de El Junquito, pude corroborar que había mucho de cierto en las versiones en torno a cómo la futura esposa de **Lusinchi**, **Blanquita Ibañez**, apenas su entonces-amante llegó a Miraflores, le enfiló los cañones al **Dr. Neri**.

La versión que más sonaba era que el **Dr. Neri** jamás le hizo caso a su secretaria y para sacársela de encima, se la presentó a **Lusinchi**. Es una de las versiones, por cierto, más creíbles. El mismo director de la prisión, ya fuera de El Junquito, una noche que lo invité a cenar en el Caracas Theater Club de San Román para ver el musical que habíamos grabado con **María Conchita** en el retén, me aseguró que el **Dr. Neri** era un "preso de **Blanquita**"... pero no quise profundizar en el tema. Luego de varios años preso, cuando **Nerio Neri Mago** fue, finalmente, dejado en libertad: ¡falleció!

ESTAFA DOBLE AGRAVADA – ROBERT ALONSO

Estaba seguro de que estaría poco tiempo detenido. Afortunadamente me pude liberar del bufete **Morales Bello**, pues ya me tenían listo para enviarme al Retén de Catia, una de las peores cárceles de Venezuela, donde "me harían añicos". En tal sentido, sabiendo que todo terminaría de la mejor manera posible, me dediqué a disfrutar de mi estancia en El Junquito.

Mi madre consiguió unas credenciales que le permitían irme a visitar diariamente, visitas que aprovechaba para traerme insumos. La segunda noche, por cierto, le hice a mis compañeros de pabellón un suculento tamal en cazuela con los pedazos de langosta y cangrejo que mi madre me había entregado en el tribunal.

Dr. Nerio Neri Mago

Le pedí a "**Siomi**" que no me fuera a visitar, porque la primera vez que lo hizo no le fue muy bien. Fue internada en un pequeño salón donde la revisaron de arriba abajo y de una manera denigrante. Fue verdaderamente humillante. Como sabía que mi detención sería corta, quedamos en que no repitiera la experiencia. En los días de visitas se aglomeraban las familias de los internos de todos los pabellones y no se podía hacer discriminación, por lo tanto, las requisas personales eran iguales para todo el mundo. Para entrar de visita en El Junquito, por cierto, los hombres tenían que llevar saco.

Los almuerzos eran de fábula. Había tres hermanos maracuchos, de apellido **Molero**, que estaban pagando una larga condena por homicidio calificado. Uno de ellos, el mayor, tocaba muy bien el arpa y tenía una carpintería en el penal. Del segundo no me acuerdo, pero el más joven tenía un restaurante en la prisión donde almorzaba con mi "convive" (compañero de celda), el **Dr. Nerio Neri Mago**. La comida que preparaba era exquisita. Se decía que en Maracaibo tuvo un restaurante de primera. Hacía un asado negro inigualable. Siempre tenía ensalada de gallina y cada vez que la como, especialmente en las navidades, me acuerdo de él. El mayor, **Lubin**, comenzó a enseñarme a tocar arpa, un instrumento tremendamente difícil, sobre todo cuando hay que "transportarla". Fue una de las estrellas del show que montamos con mi hermana, evento que se ganó el galardón del mejor musical del año.

En el sector de la dirección había unos cuantos cuartos bien montados, en los que habitaban presos que cumplían largas condenas. Frente a esos cuartos había un gallinero, con gallos que nos despertaban en las madrugadas y más allá estaba el llamado "boulevard", donde durante el día solíamos caminar para hacer ejercicio y conversar. Jamás hubo una pelea. No se hacían requisas y los guardias nacionales les daban un excelente trato a los internos (a los reclusos).

La Blanquita Ibáñez de entonces

El director del penal me permitió entrar mi equipo de grabación en la prisión y logré grabar muchos eventos interesantes. En los "pabellones de arriba", los pabellones del "perraje", había muchos músicos que tenían varios grupos musicales. También había actores que montaban obras de teatro. Teníamos un barbero a quien había que pedirle cita y un recluso de apellido **Padilla**, que se convirtió en el consultor jurídico, ad honorem, del penal. Todos los presos le consultaban sus casos, a pesar de que la inmensa mayoría de los reclusos se conocía el código penal de la A a la Z. Un día le consulté mi caso a **Padilla**, quien estaba ubicado en el pabellón "H", de los "criminales de cuello blanco" y me respondió, exactamente igual que el **Dr. Garantón**: ¡y eso que no era abogado! Por cierto, en las cárceles, todos los reclusos son "inocentes" y sobre esa "realidad" se tejen muchos chistes.

Lo peor del penal llegaba a la hora del baño, sobre todo, porque a mí me gusta bañarme de noche. En El Junquito hacía un frío que pelaba. El agua, como dije arriba, la sacábamos de unos pipotes o tambores de 50 galones: fría como la nariz de una foca. Uno se mojaba rápidamente, se enjabonaba y se enjuagaba lo antes posible. No había duchas. Por las mañanas escuchaba los gritos de quienes se bañaban con aquella agua helada. En los ocho días que estuve en El Junquito, pocas veces utilicé los excusados. Voy a ahorrarles a mis lectores los pormenores de evacuar, a distancia, en un hueco. A veces no había agua para "bajar" los excusados y el excremento se quedaba ahí un tiempo indeseable. Estoy hablando de la mejor cárcel o retén judicial de Venezuela. Nunca quise imaginarme cómo serían en las peores prisiones del país, como la cárcel de Guanare, en el Estado Portuguesa, sobre la cual hablaré más adelante.

A todas estas, la primera película en la que participó mi hermana en Hollywood, "Moscú en Nueva York" ("Moscow on the Hudson"), dirigida, producida y escrita por **Paul Mazursky** y protagonizada por mi hermana y el desaparecido **Robin Williams**, se estaba presentando en el festival de cine de San Sebastián, en el mero corazón del país vasco, territorio de la ETA. La película fue altamente abucheada por su fuerte crítica al comunismo soviético y mi hermana fue amenazada de muerte luego de varias entrevistas en las cuales no dejó nada a la imaginación con respecto a su posición política, radicalmente anti-comunista.

A todas estas, la primera película en la que participó mi hermana en Hollywood, "Moscú en Nueva York" ("Moscow on the Hudson"), dirigida, producida y escrita por **Paul Mazursky** y protagonizada por mi hermana y el desaparecido **Robin Williams**, se estaba presentando en el festival de cine de San Sebastián, en el mero corazón del país vasco, territorio de la ETA. La película fue altamente abucheada por su fuerte crítica al comunismo soviético y mi hermana fue amenazada de muerte luego de varias entrevistas en las cuales no dejó nada a la imaginación con respecto a su posición política, radicalmente anti-comunista.

Tuvo que huir de España en un avión privado que le consiguió el cineasta **Mazursky**. A finales de octubre aterrizó en Venezuela con la intención de cumplir con una promesa que yo les había hecho a los presos de El Junquito: ¡traer a mi hermana para brindarles un espectáculo musical!

María Conchita con Robin Williams

Comenzando el mes de octubre, a los ocho días de mi detención en el Retén Judicial de El Junquito, el juez **Sthory** firmó mi boleta de excarcelación. El 29 de noviembre de 1984, el Tribunal Superior Segundo en lo penal, mercantil y del trabajo, cuyo titular era el **Dr. Álvarez Amengual**, con sede en Los Teques, confirmó la decisión del juez

79

Sthory y declaró cerrada la averiguación, ratificando que no había cometido delito alguno. Además, en la sentencia del mencionado tribunal superior, se determinó que la jueza accidental (suplente), **Delia Roldán López**, quien dictó el auto de detención en mi contra, procedió en forma completamente errada, ilegal y sin ajustarse a derecho.

Inmediatamente le di instrucciones al **Dr. Garantón** para que introdujera una copia certificada de la sentencia del tribunal superior ante el Consejo de la Judicatura, para proceder penalmente en contra de la fulana jueza y del tambaleante matrimonio de **Rafael García Flores** Vs. **Neyda Plessman** y ya verán Uds. cómo terminó "la cosa".

Días antes de ser publicada la sentencia del tribunal superior, ya en libertad, **María Conchita** dio un concierto en el Retén Judicial de El Junquito que duró más de dos horas. Aprovechamos para incluir a muchos reclusos. Unos declamaron poesías dedicadas a mi hermana. Un magnífico artista plástico presentó un bellísimo cuadro que le hiciera a **María Conchita** y que en ese acto se lo ofreció. El maracucho arpista, **Lubin Molero**, la acompañó en tiempo de pasaje, con la famosa canción "Acaríciame", que más tarde repetiría en un fabuloso concierto que ofrecimos en Guanare, la "capital espiritual" de Venezuela, donde se apareció la patrona Virgen de Coromoto.

La **Dra. Dunia Faría**, entonces-directora de prisiones, estuvo presente en el concierto y le ofreció un bellísimo ramo de flores a María Conchita. La **Dra. Faría** era muy querida entre los reclusos, por su imparcialidad y buen trato. Varios ex presos "famosos" asistieron al concierto, junto a unos cuantos diputados y senadores del congreso nacional.

Mi hermana y yo acordamos no cobrarle a Venevisión en "metálico" por la producción del evento, pero sí le cobramos con sanitarios con los cuales pretendimos humanizar todo el penal. A modo publicitario, una vez firmado el contrato con Venevisión, llamé a la famosa periodista de farándula, **Elba Guillén** y de manera anónima (a modo de "dato" o de chisme), le informé por teléfono que Venevisión había aceptado pagarle a **María Conchita** con "pocetas" (con sanitarios). **Elba Guillén** me tiró el teléfono, luego de lanzarme unos cuantos improperios, pues consideró que le estaban tomando el pelo.

En efecto, Venevisión cumplió con el contrato y envió una gandola (una rastra) repleta de los mejores sanitarios del mercado venezolano, lo que se convirtió en un verdadero problema técnico, resultando ser peor el remedio que la enfermedad.

Robert Alonso quedó en libertad

●No tuvo que pagar fianza, y el juez terminó la averiguación que pesaba en su contra

Ayer en joras de la mañana fue revocado el auto de detención que pesaba sobre el productor Roberto Alonso, por lo que salió en libertad plena.

La información fue suministrada por su abogado defensor, el doctor Juan Garantón, quien agregó que su cliente está libre de toda averiguación.

El juez Tercero en lo Penal, doctor Alfredo Sthory Ovalles, terminó la averiguación referida a Robert Alonso por considerar que no hay acciones de tipo penal ni mercantil en su contra.

Robert Alonso se encontraba en el Retén Judicial de El Junquito, por cierto que junto a Nerio Nery Mago, desde que le dictaron auto de detención por el supuesto delito de estafa en la persona de Rafael García Flores

El doctor Juan Garantón destacó que su defendido salió en libertad sin pagar fianza y por la vía normal, "ya que no existían delitos de ningún tipo".

CARACAS, VIERNES 24 DE AGOSTO DE 1984

Indica Robert Alonso

Ante un Tribunal Neyda y García Flores Declararán si Fueron Estafados por mi

* La animadora niega la información por lo que el productor recurrió ayer a los Tribunales.

Por Elba Guillén

Hasta este mes, específicamente hasta este domingo 26 de agosto estarán al aire el espacio que ha resultado muy controversial, "Más allá de la comprensión", y su productor Robert Alonso continuará con el espacio "Cirugía" que también ha logrado impactar por su variado contenido semanal.

Conversamos con Robert Alonso, quien al respecto nos dice.. "El espacio "Más allá de la comprensión" lejos de darme satisfacciones lo que me ha dado son dolores de cabeza a todo nivel, por lo menos en Venezuela, pero en adelante si estará en Ecuador, Santo Domingo, Perú, Costa Rica, Puerto Rico, Panamá y Estados Unidos".

—¿Qué páso con esa acusación por estafa?

"Que mi nore vale 3.750 bolivares. Sucede que me paga VTV, y yo deposito en mi cuenta el cheque, y cuando el Banco lo va a cobrar no lo paga el Banco Industrial porque no estaba registrada la firma de la señora Juana Vale, Gerente de Finanzas de la planta porque ella es nueva, pero eso se arregló".

—¿Por qué la denuncia por estafa?

"No lo sé. Pero cuando me pagan y yo deposito, le doy tanto a Neyda como a García Flores un cheque por 3.750 bolivares. Ella lo va a cobrar y le rebota, pero no por falta de fondos, sino por la firma no registrada, ella me lo comunica, voy al Banco me dicen lo que pasa y yo voy al Canal, todo se arregla, me comunico con Neyda, le digo que puede cobrar y quien cobra es ella pero él no, porque no quiso. Mi error estuvo en haber dado un cheque con fecha adelantada, sin tener la cantidad asegurada, pero eso no es para que se me diga estafador".

—¿Aclarada la cuestión no cree que se arregle?

"Mira, hoy día es preferible que te digan bisexual o drogadicto, porque inspiran lástima, pero un estafador inspira desprecio, y a ese nivel me han uesto, por eso me veo en la necesidad de citar a Neyda y a García Flores para que ante un Tribunal digan en que forma los estafé".

Robert Alonso dará por terminado en Venezuela el espacio "Más allá de la comprensión" al cual sólo le ha dado dolores de cabeza.

María Conchita con Paul Mazursky

Robert Alonso vs. Neyda y García Flores

"Si no se Retractan Públicamente Tendrán que Responder Legalmente"

— El productor luego de su libertad solicita excusas públicas de sus acusadores para dar por terminado el caso.

"Me revocaron el auto de detención, sencillamente, porque no encontraron motivos, se demostró que actuaron en mi contra, con mala fe; el cheque por 3.500 y pico de bolívares, por el que estuve preso, no lo tengo que pagar, y lo donaré íntegro al Retén de El Junquito, para que se compren libros que les permitan a los presos continuar estudiando".

Robert Alonso, es quien nos relata su experiencia en estos 7 días que permaneció detenido, cuando fue acusado de una presunta estafa del que le acusaron los animadores, Neyda Plessman y Rafael García Flores, y del procedimiento que ahora seguirá luego de que el Juez en Primera Instancia declaró sin lugar la acusación...

"Quedó terminada la averiguación —segura Alonso— se demostró que yo no había cometido ningún delito ni actué de mala fe, y se demostró que la justicia corrige sus propios errores".

—¿Qué le quedó de esta experiencia?

"Muchas cosas positivas. Conocí seres humanos, la gente de El Junquito me trató de maravilla, cociné para ellos, ellos me invitaron a lo que hacían, filmé muchas cosas, y voy a luchar por todos aquellos que tienen sus expedientes inmóviles y por ello su tiempo allí es indefinido. En fin, vivir con ellos, estén por causa justa o no, es vivir con seres humanos".

—¿Con respecto a quienes lo llevaron hasta allá qué piensa hacer?

"Voy a darles la oportunidad a los dos, tanto a Neyda como a García Flores, de que se retracten por intermedio de los mismos diarios por donde me acusaron de estafador. Si lo hacen, no habrá ningún tipo de acusación y pueden dar por arreglado su problema, de lo contrario, tendrán que responder legalmente".

—¿Se conformaría sólo con que se retracten?

"Sí, mi honorabilidad es darle esa opción, de terminar con sto, y lo hago por la familia de ambos, porque no quiero que pasen por lo que la mía pasó. Por eso quiero que pidan excusas los dos, porque ellos pueden también tener su auto de detención, y aunque siento que fue un honor compartir con toda esa gente del "Pabellón D" de El Junquito, eso no es ningún Hilton, es una cárcel y punto". (E.G.)

Robert Alonso indica que para no afectar a la familia Plessman ni a la familia García Flores, sólo exige que los animadores pidan excusas de la misma manera como lo acusaron.

CARACAS, MIERCOL

La
MO

"EL MUNDO"

CARACAS, VIERNES 30 DE NOVIEMBRE DE 1984

Cerrada averiguación en su contra ————

Roberto Alonso no Incurrió en Delito Alguno Determinó Tribunal Superior

El Tribunal superior Segundo en lo Penal Mercantil y del Trabajo, cuyo titular es el doctor Alvarez Amengual, con sede en Los Teques, confirmó las decisiones que en favor del productor Roberto Alonso, había dictado el Tribunal Tercero e2 lo Penal, con sede en los Palos Grandes, por lo cual se determinó que la averiguación debería quedar terminada en relación al productor, por no haber delito alguno.

La información la pudimos conocer a través de un allegado, y posteriormente confirmada por el doctor Juan Garantón, asesor legal del productor Roberto Alonso, y al respecto nos dice...

"Esta decisión corroboró que la Juez Suplente que dictó el auto de detención en contra de mi representado, procedió en forma completamente errada y sin ajustarse a derecho, cuando le dictó el auto por estafa a Robert Alonso".

—¿En vista de este resultado, piensan tomar alguna decisión para subsanar esto?

"Dü conformidad con lo conversado con Roberto Alonso, pensamos llevar copia certificada del expediente por ante el Consejo de la Judicatura, a fin de que se determine si se incurrió en una falta grave que amerite una sanción, y no es represalia, ni venganza, sencillamente que en esta situación pueden caer ciudadanos realmente inocentes y sin posibilidades de demostrarlo, solo por ligereza". (E.G.)

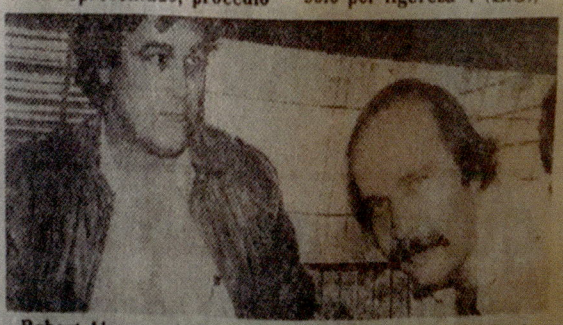

Robert Alonso y el doctor Juan Garantón, cuando recibían la notificación de que la averiguación en contra del productor estaba concluida. (Foto Rita Castro)

ESTAFA DOBLE AGRAVADA – ROBERT ALONSO

La pasé tan bien durante mis ocho días de detención en el Retén Judicial de El Junquito, que contrariando las normas, todos los sábados y por varios meses, iba a visitar a mis "ex convives". Se supone que una vez que un recluso es puesto en libertad, no puede regresar al penal de donde egresó hasta que no pasasen seis meses. El director del penal no se guió por las regulaciones y me dejaba entrar al retén cuantas veces quisiera.

Estando de visita en El Junquito, llegó la gandola enviada por Venevisión. Todos los presos comenzaron a gritar, lo que alteró a los guardias nacionales y motivó que el director saliera de su oficina. Los sanitarios excedían a los excusados, por lo que consideré hacerles regalos a unos cuantos funcionarios que me habían tratado con mucho afecto y deferencia, durante los días que estuve detenido: comenzando por el director, el subdirector y uno que otro guardia nacional que se habían hecho amigos míos.

En todas las cárceles hay mano de obra como para tirar pa'arriba. En El Junquito había albañiles, carpinteros, mecánicos y cualquier cantidad de profesionales, incluyendo médicos, enfermeros y abogados. Al día siguiente de haber llegado los sanitarios, comenzó la labor de instalación, solo que se presentó un terrible problema. Las unidades que envió Venevisión, fabricadas por la empresa Vencerámica, eran demasiado sofisticadas, de flujo silencioso, que requerían de una buena presión de agua, la cual no había en El Junquito. Tuvieron que arrancarlos y volver al sistema arcaico de excusados, solo que ahora todos los huecos estaban rodeados de escombros encementados. Como se dice en Venezuela: *"quisimos hacer una gracia... ¡y nos salió una morisqueta!"*

El Consejo de la Judicatura falló a mi favor y se determinó que tanto **Rafael García Flores**, como **Neyda Plessman**, habían incurrido en el grave delito de "simulación de hechos punibles": ¡palabras mayores! Ambos tenían un pie en la cárcel y no sería como mi detención, por unos días. Ese delito contemplaba años de prisión.

El día en que me dejaron en libertad, desde mi celda y antes de despedirme de mis "convives", le escribí una poesía ingenua a **Rafael García Flores**, bajo el título de "Mi querido Amable", ya que él se dirigía a sus radioescuchas llamándoles *"mis queridos amables"*. La poesía decía así:

Rafael García Flores, el tristemente-célebre "Querido Amable"

Hoy es un día especial, pues estoy pensando en ti... ya que después de ocho días, a cagar pude acudir.

Resulta que en esta cárcel, donde no existen pocetas, hay que evacuar con cuidado, con ánimo y lleno de ganas, pues aquel que se descuida, puede ensuciarse las nalgas.

Ya verás que hermoso es pasar por esta experiencia. Aprenderás a cagar, aunque sea en palangana.

Quisiera dejarte escrito, en esta mi humilde carta, cómo debes proceder, cuando te toque tu cana.

Primero te enviarán pa'la "J" de jodido y allí podrás disfrutar de un ambiente distinguido. No te preocupes, mi pana, que allá tengo mis amigos y les he dejado instrucciones, pa'que seas bien tendido.

Conocerás de primero el arte de ser colchonero. Eso imprimirá en tu alma un grato y dulce recuerdo.

El aroma que al momento percibirá tu nariz, deberás no hacerle caso;¡para poder ser feliz!

Piensa que estás en Miami, en Londres: tal vez Madrid y cuando veas a un negro: ¡tómalo por marroquí!

Te lo digo porque sé que eres un hombre racista, pero aquí no tiene caso agobiarte la existencia... a no ser que de repente, te tornes en masoquista.

A la mañana siguiente, mueve todas tus palancas, para que logres traslado a un pabellón decente.

No te aconsejo la "O", porque allá hay muchos malandros. La "A", la "C" y la "Q", no se ajustan a tu mundo, pues la gente que ahí habita: ¡son personas de mal gusto!

En la "B", la "M" y la "P", no deberías ni entrar, pues todos son tracaleros y te pueden estafar.

Ten cuidado con la "R", pues allá son puros rateros y el que aparenta ser "ñero", te da tres vueltas y media y si no te pones mosca: ¡perderás hasta las medias!

Hoy es un día especial, pues estoy pensando en ti... ya que después de ocho días, a cagar pude acudir.

Resulta que en esta cárcel, donde no existen pocetas, hay que evacuar con cuidado, con ánimo y lleno de ganas, pues aquel que se descuida, puede ensuciarse las nalgas.

Ya verás que hermoso es pasar por esta experiencia. Aprenderás a cagar, aunque sea en palangana.

Quisiera dejarte escrito, en esta mi humilde carta, cómo debes proceder, cuando te toque tu cana.

Primero te enviarán pa'la "J" de jodido y allí podrás disfrutar de un ambiente distinguido. No te preocupes, mi pana, que allá tengo mis amigos y les he dejado instrucciones, pa'que seas bien tendido.

Conocerás de primero el arte de ser colchonero. Eso imprimirá en tu alma un grato y dulce recuerdo.

El aroma que al momento percibirá tu nariz, deberás no hacerle caso:¡para poder ser feliz!

Piensa que estás en Miami, en Londres: tal vez Madrid y cuando veas a un negro: ¡tómalo por marroquí!

Te lo digo porque sé que eres un hombre racista, pero aquí no tiene caso agobiarte la existencia... a no ser que de repente, te tornes en masoquista.

A la mañana siguiente, mueve todas tus palancas, para que logres traslado a un pabellón decente.

No te aconsejo la "O", porque allá hay muchos malandros. La "A", la "C" y la "Q", no se ajustan a tu mundo, pues la gente que ahí habita: ¡son personas de mal gusto!

Carlos Andrés Pérez y yo en la boda de Rafael y Neyda

En la "B", la "M" y la "P", no deberías ni entrar, pues todos son tracaleros y te pueden estafar.

Ten cuidado con la "R", pues allá son puros rateros y el que aparenta ser "ñero", te da tres vueltas y media y si no te pones mosca: ¡perderás hasta las medias!

La "G", la "F" y la "T", nunca las pierdas de vista, pues allí están los malandros que ahora son evangelistas. Sin embargo, allá te aburrirías de estar con puros papistas. Yo más bien preferiría verte entre comunistas.

Si te dieran a escoger, cuádrate con la "H": son la alcurnia del penal y puros sindicalistas.

De los panas del penal mucho te podría hablar. Conocerás mucha gente que te pueden enseñar, el arte de convertirte en un hombre popular.

Conocedores de la ley son toditos por igual y de memoria se saben todo el Código Penal.

Si necesitas contacto con los jueces y sus pandillas, búscate de inmediato a un hombre que mientan Padilla.

ESTAFA DOBLE AGRAVADA – ROBERT ALONSO

Si de conocer quisieras, el arte de la lotería: hazte amigo de Valbuena, pues tiene gran maestría.

Si ganas te dan de comer limpias o arroz chino, búscate al pana Viloria: ¡que ese carajo es mi amigo!

Como yo estaré en Miami y no te podré visitar, cuádrate al Dr. Neri, pa'que te preste un teléfono de donde me puedas llamar.

Con "El Chino" no te metas, que ese carajo es arrecho. Sin embargo, "Guevarita", es un niñito de pecho.

La comida es del carajo... ya lo podrás constatar. Si te gusta el espagueti: ¡no tendrás que protestar!

Las tertulias se realizan al lado del gallinero. Allá podrás conversar con justos y tracaleros.

Hay un hermoso paseo que llaman "El Boulevard". No es que sea una gran cosa, pero para muchos presos que están en este penal, es quizás lo mejorcito a la hora de pasear.

Eso sí: aquí no hay caña y eso pa'ti es un problema. Te tendrás que conformar, para pasar la arrechera, con oler los algodones que deseche la enfermera.

A la seis de la mañana de golpe te van a parar y como niñito decente te obligarán a contar. Pon culo pa'la pared que aquí sobran los fiebrúos y con mucho disimulo te querrán tocar el culo.

Como sé que tú eres flojo, te sentirás muy a gusto... ya que verán que eres cojo y se comportarán muy justo.

En general, esto no es malo: ya lo podrás apreciar. Solo añorarás tu casa: ¡a la hora de cagar!

Tu amigo y ex jefe,
Robert Alonso
Internado Judicial de El Junquito
Caracas, 1ro de octubre de 1984

Antes de irme, le entregué la carta al director de la prisión para que la leyera. Le saqué una fotocopia en su oficina, le pedí un sobre, metí la poesía dentro del sobre y le pedí al director que si **García Flores** llegara a cumplir su condena en El Junquito, que se la diera de mi parte. Me aseguró que así lo haría.

Por cierto, el **juez Sthory** pasó a la historia como **"El juez de la Familia Alonso"**. Sentó jurisprudencia en ambos casos que incluyó en un libro publicado para beneficio de abogados y estudiantes de derecho.

La Chony Fuentes de entonces

En el año 1981, cuando la asistente de **María Conchita** (una tal **Claret**, quien aparentaba tener una venial deficiencia mental) se cayó a trompadas con **Chony Fuentes** en uno de los estudios de RCTV, luego de una acalorada discusión. En la revista "Venezuela Farándula" apareció la siguiente noticia: *"Agredida Chony Fuentes por la sirvienta de María Conchita Alonso"*. A raíz de eso, **Chony** dio unas fuertes declaraciones en contra de mi hermana, acusándola de ser una prostituta, declaraciones que motivaron a **María Conchita** a demandarla por difamación e injuria por la importante suma de Bs. 500 mil. Su abogado fue, justamente: el **Dr. Juan Cancio Garantón Nicolai**, ex cuñado de **Alí Rodríguez Araque**, ex guerrillero comunista, recientemente fallecido, quien fuera alto funcionario del régimen de **Chávez**.

Pasado el mal rato y cuando la trifulca se hizo vieja, **María Conchita** – pensando en las hijas de **Chony** – ofreció perdonarla y dejarlo todo así, pero **Chony** le respondió: *"...a mí solamente me perdona Dios"*. Esa soberbia bastó y sobró para que mi hermana continuara con el juicio. Fue, vale decir, la primera vez en la historia jurídica de Venezuela en la que una demanda por difamación e injuria llega a su fin, ya que usualmente las partes se cansan de tan largo proceso y lo dejan todo de ese tamaño, antes de que el proceso culmine y se dicte sentencia.

Durante el juicio, **Chony Fuentes** se dio gusto llevando testigos que declararon en contra de mi hermana, alegando que siempre mantenía en los estudios de RCTV, una "conducta impropia", por decir lo menos. Sin lugar a la menor duda, **Chony** probó que **María Conchita** procedía de una manera "no muy católica". Sin embargo, el **juez Sthory** falló a favor de mi hermana alegando que, si bien **Chony** había probado la incorrecta conducta de mi hermana, eso no le daba derecho a exponerla al escarnio público a través de medios masivos e impresos de comunicación, sobre todo, tratándose **María Conchita** de una persona afamada, lo que la convertía en un mayor blanco de atención. De esa manera, el **juez Sthory** sentó jurisprudencia.

ESTAFA DOBLE AGRAVADA – ROBERT ALONSO

En mi caso, **el juez Sthory** consideró que al despreciar **García Flores** y la **Plessman**, el cobro de ambos cheques cuando fueron a protestarlos y el gerente del banco les advirtió que había fondos suficientes para cubrirlos, ambos habían perdido el derecho al cobro. Doné los Bs. 7,500, para ayudar a reparar el desastre que había causado en el Retén Judicial de El Junquito, con las instalaciones de los dichosos sanitarios.

George Hamilton

Entonces comenzaron **García Flores** y **Neyda Plessman**: ¡a padecer! Él quiso reunirse conmigo para "conversar". Ya Uds. saben a dónde lo envié. En cuanto a su mujer, el drama fue todavía peor. Ella era hija de un prestigioso médico quien detestaba con todas sus fuerzas del alma a su yerno. Su mamá, **Rosita Ron Martínez**, se presentó en casa de mis padres para hablar con mi madre: "*de madre a madre*", le dijo. En la conversación le echó todas las culpas al yerno, alegando que era un monstruo, drogadicto, borracho, tracalero, vago, maleante, chulo y que le daba unas tundas de golpes a la **Plessman** que ameritaban atención médica. **Doña Rosita** le dijo a mi madre que le habían descubierto un cáncer terminal y que no quería morir viendo a su hija presa.

Mi madre me suplicó que dejara todo así. Lo mismo me suplicó "**Siomi**". Al poco tiempo, **Neyda**, quien ya era débil mental, sufrió un peligroso derrame cerebral que la dejó totalmente minusválida mentalmente. A sus 69 años, el 11 de julio de 2009, la encontraron muerta en su apartamento de Caracas, donde vivía íngrima y sola. A pesar de haber nacido en el seno de una familia digna y de "buena conducta social", fue una mujer extremadamente inestable e infeliz. Se casó 4 veces con **Aníbal Longart, César Maldonado, Rafael García Flores** y un tal "**Enrique R**". Además de haber sido novia formal de **Eladio Larez**, mantuvo romances públicos con personajes famosos como el actor de Hollywood; **George Hamilton; Enrique Guzmán, Chelique Sarabia, Armando Blart** y **Marco Antonio Muñiz**. Se granjeó una fama de conflictiva dentro del medio artístico venezolano (de lo cual me enteré tardíamente), llegando un momento en que no la contrataban ni en la radio ni en la televisión. Después de haber co-presentado "Más Allá de la Comprensión", se perdió en la noche del olvido, tuvo aquel terrible

Marco Antonio Muñiz

ACV y terminó muriendo sin nadie a su lado.

La jueza **Delia Roldán López**, por su lado, fue destituida de su cargo, quedó ciega y vivió el resto de sus días atormentada por todos los chanchullos que hizo a la sombra de Acción Democrática, del bufete de **Morales Bello** y del poder judicial.

En cuanto a **Rafael García Flores**, jamás levantó cabeza. Montó una escuelita para dar clases de locución y, supongo, habrá continuado "gestionando" títulos. Conozco de varios alumnos que pasaron por su "academia" quienes no hubieran aprobado un examen de sexto grado en AVEPANE, una escuela para niños excepcionales que existió… ¿o existe? en Caracas. Es que ni el propio "profesor", **García Flores**, hubiera superado la primera ronda del programa "Quién quiere ser Millonario". Había llegado a la televisión gracias a "Más Allá de la Comprensión", espacio que fue su debut y despedida en la pantalla chica. Nunca le volvieron a dar "una palomita" en la radio ni en ninguna parte. A sus ochenta años, hoy debe de estar pasándola terriblemente mal en una Venezuela donde no existen producciones ni en la radio ni en la televisión, como no sea las de mostrar las bondades de "la revolución" y donde el sueldo mínimo del venezolano no llega ni a los tres dólares mensuales.

Rhona Ottolina

Rafael García Flores se aprovechó de la salida de **Renny Ottolina** de la televisión. Hizo con **Renny** muchos programas de radio, todos los cuales quedaron grabados sin la autorización del propio **Renny**, quien sí grabó sus programas. A la muerte de **Ottolina**, su hija **Rhona** quiso recuperar ese valioso material y **García Flores** se negó a entregárselo, pero jamás lo pudo comercializar. Hubo un intento serio de vender las grabaciones de **Ottolina**, pero el comprador se echó para atrás, sospechando que **García Flores** no tenía los derechos del material, el cual se fue quedando "frío" en las manos del "querido amable" o del "Tullío", como le decían en Venezolana de Televisión.

Tanto **García Flores** como **Neyda Plessman** estaban acabados en el medio de la radio y de la televisión venezolana. Con el programa "Más Allá de la Comprensión" hubieran podido "levantar cabeza", pero la avaricia acabó con ellos.

Una Noche de Paz

A raíz del concierto que diera mi hermana en el Retén Judicial de El Junquito, creamos la "Fundación en Pro Defensa del Procesado Penal". Según el entonces-diputado, **Antonio Ledezma**, finalizando el año 1984, había 25 mil presos que abarrotaban las cárceles del país, de los cuales 18 mil (el 72%) esperaban sentencia y 8 mil eran "colchoneros", es decir: ¡dormían en el suelo! Con un sistema judicial y carcelario así, Venezuela era una importante "industria de criminales". La criminalidad fue creciendo en el país a niveles inimaginables y exponenciales, convirtiéndose en una de las naciones más peligrosas del globo terráqueo: ¡antes de Chávez! **Ledezma** nos contactó para ver cómo podía ayudar desde su curul como diputado.

Antonio Ledezma

Para el 99% de los procesados penales, es decir: para aquellos individuos que estaban esperando sentencia judicial, la solución de mi caso fue un verdadero "milagro". Fui juzgado por el tribunal de primera instancia y "rematado" por el tribunal superior, en poco menos de dos meses: ¡un record en Venezuela! La inmensa mayoría de los procesados penales en el país, espera meses y meses PARA SER TRASLADADA A LOS TRIBUNALES. El 72% de los presos penales, está a la espera de sus sentencias. ¿Por qué hubo tanta premura en resolver mi caso? Había mucha presión mediática. Llegó un momento en que los ojos del país estaban puestos en el "melodrama" jurídico por el cual una afamada familia estaba atravesando. Era una situación vergonzosa para el sistema judicial venezolano, que transcendía las fronteras.

María Conchita y yo visitamos dos penales venezolanos, el Retén Judicial de El Junquito, donde estuve detenido ocho días y la infrahumana cárcel de Guanare, justo frente a la Plaza Bolívar. Recibíamos centenares de notas escritas por los presos, muchas de las cuales no se podían entender. Una de esas notas fue la de un joven llamado **Omar Rubén Meza Aranguren**, que necesitaba hablar – ¡urgentemente! – con su padre, quien posiblemente no sabía que su hijo estaba preso. Su padre estaba casado, para entonces, con quien fuera la segunda secretaria de la embajada de Venezuela en España. Recibimos cualquier cantidad de notas de súplicas, sin embargo: no nos fue posible resolver un solo problema, agilizar un solo traslado o una sola sentencia. La indolencia, dentro del poder judicial venezolano, era el común denominador.

Para los presos que esperan sentencia es una verdadera tortura psicológica el pasar años y años pensando cuáles serían sus condenas y los resultados de sus procesos jurídicos; sin tomar en cuenta que muchos de esos procesados podrían resultar ser inocentes ante los ojos de la "justicia". Ese perverso sistema judicial fue uno de los factores que llevó a **Hugo Chávez** a Miraflores y que les abrió las puertas de Venezuela a los hermanos **Castro**, para que la invadieran, la depredaran y la destruyeran total y absolutamente, como terminaron haciendo y sin la necesidad de hacer sonar un solo triki-traki ni de disparar un solo tiro. No debemos olvidar que la inmensa mayoría de los presos venezolanos proviene de los estratos sociales más paupérrimos, deprimidos económicamente y marginales. De esa indiferencia social se agarran los comunistas para socavar los pilares de las instituciones y llegar al poder. En el año 1984, descubrí que si algo no estaba funcionando bien en Venezuela: ¡era el sistema judicial!

A raíz del concierto de mi hermana en el Retén Judicial de El Junquito, comenzaron a llover peticiones para que diera conciertos benéficos. Nos

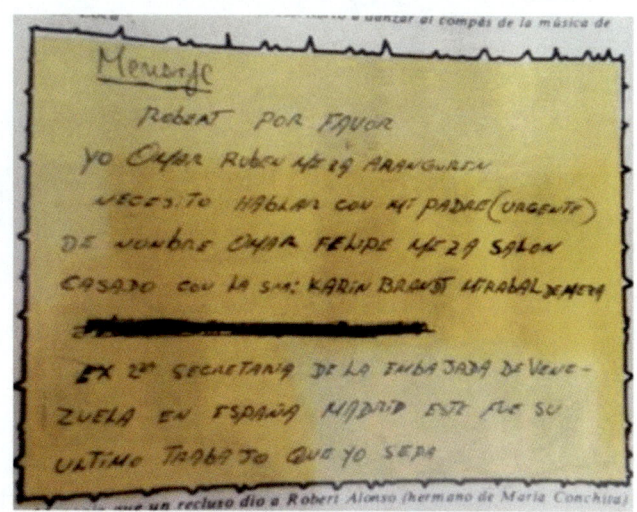

Mensaje
Robert por favor
yo Omar Ruben Meza Aranguren
necesito hablar con mi padre (urgente)
de nombre Omar Felipe Meza Salon
casado con la sra: Karin Braust Urrabalxmesa

Ex 2ª secretaria de la embajada de Venezuela en España Madrid este fue su
ultimo trabajo que yo sepa

... un recluso dio a Robert Alonso (hermano de María Conchita)

contactaban a través del departamento de relaciones públicas de Venevisión, estación que transmitió el concierto de El Junquito. Todos los días nos llegaban llamadas telefónicas, incluso desde el exterior.

En enero del siguiente año, 1985, **María Conchita** llevó a cabo dos presentaciones musicales a beneficio de los desempleados de la Exxon y la Shell y fue nominada "Ciudadana de Holanda".

Sin embargo, la petición más importante nos llegó de una comisión conformada en Guanare, la capital del estado Portuguesa y de la fe católica en Venezuela, donde se apareció la patrona Virgen de Coromoto. Se terminaba el año 1984 y el papa, **Juan Pablo II**, estaba por arribar al país. Esa comisión de guanareños pretendía lograr que El Santo Padre visitara el pueblo de Guanare y le hiciera honor a la Virgen de Coromoto.

Cuenta la historia o la leyenda, que el 8 de septiembre de 1652 se hizo presente en Guanare la Virgen María. Cuando Guanare fue fundada en 1591, los indígenas que habitaban en la región, los cospes, huyeron hacia la selva. Aquel éxodo dificultaba la evangelización que la iglesia católica había emprendido en El Nuevo Mundo. Un día de 1651, el

Cacique Coromoto y su mujer atravesaban una corriente de agua y vieron a una señora de extraordinaria belleza, quien les dijo en su idioma: *"Vayan a casa de los blancos y pídanles que les echen el agua en la cabeza y así poder ir al cielo"*. Casualmente un español llamado **Juan Sánchez** pasó por ahí y el **Cacique Coromoto** le relató lo sucedido.

Sánchez entonces le pidió que se alistara con la tribu; que él pasaría dentro de ocho días a fin de enseñarles todo lo necesario para ser bautizados. En efecto, cuando regresó, los indígenas marcharon con él a un ángulo formado entre los ríos Guanaguanare y Tucupido, donde les repartieron tierras y se inició la catequización a fin de prepararlos para el bautizo. Varios indígenas fueron bautizados, no así **Coromoto**, quien echaba de menos la selva donde era libre y no tenía que obedecer a los blancos. Esto le hizo preparar su huida del campamento. Sin embargo, el sábado 8 de septiembre de 1652, la misteriosa señora volvió a aparecer en su bohío, en presencia de **Coromoto**, su mujer, su cuñada

Isabel y un sobrino de ésta. El cacique cogió una flecha y apuntó para matarla. Cuando la señora se le acercó, **Coromoto** lanzó su flecha, pero ella desapareció dejándole en la mano un pequeño pergamino con su imagen grabada.

Por la tarde del sábado 8 de septiembre de 1652, **Juan Sánchez** se dispuso a reunir a los indios que trabajaban en Soropo, en vista de lo cual el castellano instó al cacique a que se juntara con sus compañeros y asistiera a los actos religiosos que iban a celebrarse en el caney, que para estas reuniones tenía dispuesto junto a su habitación. **Coromoto** se negó rotundamente a esta invitación y mientras sus compañeros oraban, él con gran enojo y rabia intentó irse aceleradamente hacia su pueblo. Pero, habiendo transcurrido unos instantes desde su llegada a la choza junto a su esposa, su cuñada y su sobrino, la señora volvió a aparecer de modo visible y corpóreo, en el umbral del bohío del indio. De ella salían copiosos rayos de luz que bañaban el

Estatua de la Virgen de Coromoto

estrecho recinto de la choza, tan potentes *"como el sol de mediodía"*, según describió **Isabel**, cuñada de **Coromoto**.

El sobrino de **Isabel** corrió a avisarle a **Juan Sánchez**, quien con dos de sus compañeros fueron al sitio en donde apareció la mujer y recogieron el pergamino que dejó. La imagen fue alumbrada por **Sánchez** con apenas un cabo de cera negra. Esta luminaria ardió día y noche sin consumirse, desde los 12 del domingo hasta el martes por la tarde, hecho considerado por los testigos como milagroso. Dieron parte a las autoridades civiles y eclesiásticas, quienes a pesar de no creerlo, resolvieron llevar el pergamino – en 1654 – a la iglesia de Guanare, donde permaneció en un relicario hasta 1987, cuando fue incrustada en el pedestal de la imagen de madera en que yace hoy día en el Santuario Nacional de Nuestra Señora de Coromoto, construido en el lugar de aquella segunda aparición.

El **Cacique Coromoto**, al ver que la señora no había logrado nada con él, huyó a la selva donde lo mordió una serpiente venenosa. Entonces comenzó a pedir el bautismo, el cual le fue administrado por alguien que pasaba por ahí. Al bautizarse se convirtió en apóstol entre los indígenas, pidiendo a estos que no se separaran del misionero y que se bautizaran, tras lo cual: ¡falleció! Como consecuencia de esto, los indios cospes formaron una comunidad muy fervorosa de fieles. La Virgen de Coromoto fue declarada como la patrona de Venezuela por el papa Pío XII en 1950. Se considera que junto a la Virgen de Guadalupe, son las dos únicas advocaciones marianas en el mundo que dejaron huellas creíbles de sus apariciones.

Pergamino de la Virgen de Coromoto

Ya nos habían informado que la cárcel de Guanare era una de las peores del país y un buen lugar para comenzar nuestro apostolado en pro de los procesados penales en Venezuela, así decidimos aceptar el reto y promover la visita de **Juan Pablo II** a Guanare, sede de la Virgen de Coromoto.

Para promover el evento, recurrimos a los medios de comunicación que habían estado más activos durante mi proceso judicial y, sobre todo, presentes en el concierto de **María Conchita** en el Retén Judicial de El Junquito. Anunciamos una serie de eventos en Guanare. Como la señal de Venevisión no llegaba con fuerza a ese rincón de los llanos venezolanos, acudimos a Venezolana de Televisión, el canal del Estado, que nos dio todo el apoyo logístico desde el "Día Uno".

Fue un despliegue técnico impresionante, jamás visto, hasta entonces, por los habitantes de Guanare, llamada originalmente Villa del Valle del Espíritu Santo de San Juan de Guanaguanare, la capital del Estado Portuguesa, en Venezuela, fundada el 3 de noviembre de 1591 con el nombre de "Espíritu Santo del Valle de Guanaguanare"

Juan Pablo II en su "papamóvil"

por el portugués **Juan Fernández de León**. En 1824, los cantones de Guanare, Ospino y Araure fueron separados de la provincia de Caracas y reincorporados a Barinas, la cual había adquirido ya el rango de provincia. En 1851 se creó la Provincia de Portuguesa con los cantones de Guanare, Araure, Guanarito y Ospino. En abril de 1881,

93

Portuguesa, Cojedes y Zamora se fusionaron en el Gran Estado Sur de Occidente; esta unión duró hasta 1909. Guanare, entonces, fue designada como capital del estado por decreto del entonces-presidente **Eleazar López Contreras**. Esa ciudad, además de ser la primera que se fundó en el estado Portuguesa, es una de las pocas ciudades de América que conserva el acta de su fundación.

Guanare está emplazada a 183 metros de altura, en el piedemonte andino-llanero, concretamente en la divisoria de aguas de los ríos Portuguesa y Guanare. En ella se asienta la gobernación de un estado que tiene, entre sus funciones, la de distribuir los recursos equitativamente según su población y en todos los municipios de la región.

La actividad agrícola es el sector económico que predomina en todo el Municipio Guanare.

Guanare representa un gran atractivo turístico, religioso y cultural. Es considerada la "Atenas de los Llanos" por albergar gran diversidad de ateneos, museos, escuelas de artes y cultura en general. Guanare, considerada la capital espiritual del país, es una de las pocas ciudades de Venezuela que conserva parte de su casco histórico intacto y es, en general, una ciudad de estilo artístico colonial español.

Con todo esto en mente, decidimos programar la visita a Guanare para pedirle a **Juan Pablo II** que la visitara. Nos dijeron que, por motivos de seguridad, el papa no podría visitarla. Al parecer, las calles son muy estrechas y presentan un gran problema para el "papa-móvil".

El 15 de diciembre recibimos una llamada telefónica de la "Conferencia Episcopal" a través de la cual nos invitaban a una reunión que terminó llevándose a cabo en el Palacio Episcopal. Para allá nos fuimos, **María Conchita** y yo. Ella, traviesa como siempre, fue vestida muy ligeramente. Nos recibió el obispo (¿o cardenal?) que estaba coordinando la visita de **Juan Pablo II** a Venezuela. Mi hermana le había hecho una petición pública a la Virgen de Coromoto: ¡para que hiciera el gran milagro!

El "coordinador" nos recibió ataviado muy formalmente. Nos pidió que desistiéramos de la petición al papa, porque la visita de **Juan Pablo II** a Guanare sería:*"¡materialmente imposible!"* (sic) Cuando le dijimos que esperábamos un milagro de la patrona de Venezuela, éste nos respondió que ese milagro jamás se materializaría. Fue entonces cuando le pregunté al sacerdote si él le manejaba la agenda a la Virgen. Total que la reunión no fue muy fructífera que digamos y continuamos con nuestra campaña. Ya todo estaba arreglado con Venezolana de Televisión y con los medios masivos de comunicación social. El 28 de diciembre de 1984 se dio el "histórico" concierto.

La producción del evento terminó siendo un esfuerzo extremadamente complejo. Habíamos contemplado un concierto de unas tres horas de duración, precedido por una serie de actividades que a continuación narraré.

En primer lugar, redactamos una petición al papa que llevamos al consulado de Polonia en Venezuela, donde nos la tradujeron y nos explicaron cómo pronunciarla. **María Conchita** intentó aprenderse "el parlamento" (en polaco) de memoria, pero le fue materialmente imposible… así que decidimos que lo leería.

Llegué a Guanare una semana antes para cuadrar todos los intrincados pormenores de "la gira". Comenzaríamos con una visita relámpago a la tristemente-famosa prisión de Guanare, lo que resultó ser una experiencia aterradora y

sumamente deprimente: ¡pero gratificante! Luego cuadré la proyección de la película "Moscú en Nueva York", en el único cine de ese pueblo, con la presencia física de **María Conchita**. De ahí, al día siguiente, sería el concierto.

María Conchita, vestida con un impecable "liqui-liqui" blanco, llegó a la cárcel y nos entrevistamos con el director del penal, quien nos recomendó que no "bajáramos" donde estaban los presos, porque *"cualquier cosa podría suceder"*. Los internos estaban "abajo", en una especie de fosa: ¡todos aglomerados mirando hacia arriba! La gritería era insoportable. Nos lanzaban papelitos con la esperanza de poderlos alcanzar desde la plataforma superior donde nos encontrábamos contemplando a la población penal en la fosa, unos cuatro metros más abajo. El panorama era radicalmente diferente a lo que habíamos visto en El Junquito. Las caras de los presos, la mayoría de ellos vestidos únicamente con pantalones cortos y calzados con chancletas plásticas: infundían terror.

Como no podíamos alcanzar las notas que nos lanzaban desde el foso, a **María Conchita** se le ocurrió bajar y mezclarse con los internos. El director puso el grito en el cielo. Mi hermana podría ser secuestrada, lo que produciría un incontrolable motín que hubiera podido resultar en una fuga masiva. Aquello era una prisión: ¡de verdad-verdad!

Los presos comenzaron a gritar: *"¡María Conchita! ¡María Conchita! ¡María Conchita!"*. Notamos que muchos de ellos estaban llorando y rogándole que recibiera las notas de auxilio. Entonces le entró "la loquera" a mi hermana y decidió que bajaría al foso. El director aceptó, pero solicitó refuerzos a la Guardia Nacional para que la rodearan y la custodiaran. **María Conchita** no bajaría si yo no la acompañaba.

Fue uno de los momentos más emocionantes e impactantes de mi vida. Llegaron los guardias, todos desarmados, para evitar que los presos se adueñaran de sus armas. Eran más de 50 efectivos: ¡todos asustados! Bajamos las escaleras que daban al foso y cuando por fin nos mezclamos con los internos: ¡sucedió un milagro! Todos la

abrazaron, la querían tocar como si fuese la Santa Virgen de Coromoto. Los guardias, al ver la reacción de los presos, se apartaron y dejaron que se llevara a cabo el contacto físico entre mi hermana y ellos. El director, desde arriba, les gritaba a los guardias instrucciones que no llegábamos a entender. Hubo presos que se arrodillaron. Estábamos entre un caudal de los criminales más temidos y peligrosos de Venezuela. **María Conchita** abrazó y besó a muchos de ellos. Todos se aglomeraron para poderla tocar, al tiempo en que yo recogía cualquier cantidad de notas emanadas de los internos. Cuando la emotiva situación comenzó a salirse de control, debido a la emoción de los presos, les pedí a los guardias que la rodearan y que nos sacaran del foso. Los internos, al ver que nos retirábamos, comenzaron a corear: *"¡María Conchita! ¡María Conchita! ¡María Conchita!"* Todos, los guardias, **María Conchita**, los presos y yo, estábamos cargados de adrenalina.

Cuando llegamos, sanos y salvo donde nos esperaba el director, éste abrazó a mi hermana y le reconoció su valor: ¿o su locura? Cuando ya logramos calmarnos, todos – incluyéndola a ella – aceptamos que fue una verdadera locura. Entonces mi hermana comenzó a sentir la presencia de la Virgen de Coromoto y quiso interpretar que todo había sido un milagro de Ella.

ESTAFA DOBLE AGRAVADA – ROBERT ALONSO

El director nos invitó a tomar café en su oficina, donde hicimos una lista de los internos con habilidades artísticas, como suele haber entre la población penal de todas las cárceles del mundo. Descubrimos que la prisión de Guanare estaba repleta de personajes idóneos para el concierto. Escogimos a un declamador y a un conjunto de música llanera, quienes serían trasladados al concierto, bajo la supervisión de un impresionante grupo de guardias nacionales. El director se vio obligado a solicitar la autorización del gobernador del estado Portuguesa, quien aceptó la propuesta y asistió al concierto. Vimos, por cierto, cómo el evento se iba politizando.

Doña Gladys Castillo de Lusinchi

Previo al arribo de mi hermana al pueblo de Guanare, me habían entrevistado en varias estaciones de radio, tanto de Guanare como de Guanarito, un pueblo cercano. Por las noches recorría las calles preguntándoles a los pobladores, que acostumbraban a sentarse fuera de sus viviendas para "coger fresco", cuándo sería el concierto. Descubrí que muchos no tenían claro que se llevaría a cabo en el estadio de fútbol del pueblo, el 28 de diciembre (de 1984), a partir de las 8 de la noche.

La presentación de "Moscú en Nueva York" fue apoteósica. La inmensa mayoría se quedó sin poder entrar. Lo recaudado, tanto en la película como en el concierto, sería donado a la Fundación del Niño, que para entonces la presidía la legítima esposa del entonces-presidente **Jaime Lusinchi**: **Doña Gladys Castillo**, quien había prometido que el dinero se quedaría en Guanare, para mejorar las paupérrimas condiciones de hospital infantil de aquel pueblo.

¡El concierto fue un verdadero pandemónium! Todos los guardias nacionales, la policía del estado, los bomberos: ¡todos estaban colaborando con la seguridad del evento! Miles y miles de guanareños comenzaron a aglomerarse desde tempranas horas de la tarde de aquel "histórico" 28 de diciembre de 1984.

El director de tomas de Venezolana de Televisión me llamó como a los 6 de la tarde al cuarto de mi hotel para advertirme que aquello era una "verdadera locura" y que no sabía cómo íbamos a poder entrar. El equipo del canal del Estado tuvo que solicitar la asistencia de la Guardia Nacional, para poder acceder al estadio y prepararse para el evento. Hubo varios incidentes comprometedores entre aquellos que querían comprar las entradas, lo que requirió la intervención de las fuerzas del orden. Varios guanareños fueron detenidos y trasladados a la comisaría. Hubo, incluso, varios heridos que ameritaron ser trasladados en ambulancia a centros hospitalarios.

La Tía Maruja Bustillo

A todas éstas, mi hermana, acompañada por nuestra **Tía Maruja Bustillo** (quien cantó en el concierto "Noche de Paz" con su voz de soprano) y nuestra madre, estaba "relajándose" en su hotel, como solía hacer siempre antes de un evento de tal magnitud. Nadie la podía molestar ni interrumpir. Tuve que esperar a última hora para darle las instrucciones de cómo íbamos a entrar al estadio, pero ella no me prestó mucha atención. Pensé que la visita a la terrible prisión de Guanare, comparado con la entrada al escenario del estadio, terminaría siendo un paseo por el prado en un día soleado y tranquilo.

María Conchita y su "equipo" (nuestra madre, la **Tía Maruja** y yo) íbamos a ser escoltados por un piquete motorizado de guardias nacionales. Le pedí a uno de ellos que me llevara de parrillero en su moto para echar un vistazo de lo que estaba aconteciendo fuera del estadio. Cuando constaté la locura, me entró un inmenso temor, llegándome a preguntar si había sido una buena idea organizar el concierto en un pueblo que jamás había sido visitado por una "estrella de Hollywood", que – ¡para colmos! – era venezolana, aunque había nacido en Cuba.

Por motivos de seguridad, a la prisión de Guanare no asistió un solo periodista. El director, luego me confesó, que no quiso permitir la presencia de la prensa por si se presentaba alguna "irregularidad" en la que su imagen hubiera quedado en ridículo, lo que me hizo pensar que él estaba contemplando lo peor. Sin embargo, al día siguiente la prensa creó toda una novela en torno a nuestro "encuentro cercano de 1er tipo" con aquel tumulto de criminales. Por supuesto que se exageró, lo que convirtió la visita a aquella prisión infrahumana en un capítulo de una popular telenovela, elevando a **María Conchita** casi por encima de la propia **Evita Perón**.

Como el grueso de los guanareños se quedó fuera y no pudo ver "Moscú en Nueva York", para el concierto muchos tomaron precauciones y cuatro horas antes del evento ya las entradas estaban agotadas. Los revendedores "hicieron

97

su agosto". Ahora no recuerdo cuánto costaban las entradas, pero las revendían por cinco veces, o más, de su valor original.

Venezolana de Televisión envió varias unidades móviles que incluían la logística técnica para cinco cámaras de estudio. El sonido y las luces eran impecables, nada que ver con el concierto en El Junquito, donde teníamos una sola cámara y el sonido era deficiente. En total, el canal envió a unos 15 técnicos, entre camarógrafos, luminitos, asistentes, electricistas… etc. Ese despliegue de personal incrementó la ansiedad y expectativas de los guanareños para asistir al evento. Jamás pude calcular el costo de producción del concierto. Nuestros viáticos salieron de las entradas, pero el canal no recibió, de nuestra parte, un solo bolívar, como tampoco nosotros le cobramos a VTV.

El evento se retrasó porque los internos del penal no llegaban. Cuando por fin llegó el autobús con la debida (y exagerada) custodia por parte de la Guardia Nacional, me avisaron. Salí a recibirlos y noté que todos venían esposados. ¡Monté en cólera! Logré que les quitaran las esposas y no hubo mayores tormentos.

El jefe de los bomberos me dijo que iba a tener que desalojar a mucha gente, porque corría el peligro que las gradas se desplomaran. Al final se decidió que no hacía falta, pero – al igual que con la proyección de la película – muchísimos guanareños se quedaron sin poder entrar: ¡no cabía un alma!

En la medida en que iba entrando la gente, se le iba entregando una vela con una "carterita" de fósforos impresas con el nombre del evento: "Una Noche de Paz con María Conchita". El concierto, se cerró con la voz angelical de nuestra tía, recientemente fallecida, **Maruja**… quien cantó, a capela: "Noche de Paz". Entonces se le pidió al público que prendiera las velas y se apagaron todas las luces del estadio. Fue un verdadero espectáculo; otro de esos momentos que jamás podría olvidar. Un silencio sepulcral hasta terminada la canción. Entonces, tras una pausa de varios segundos: ¡el público comenzó a aplaudir de pie! ¡¡Otra! ¡Otra! ¡Otra!" No la teníamos preparada, pero a **María Conchita** se le ocurrió una idea genial: ¡cantar "Acaríciame" al estilo llanero! ¡Para qué fue aquello! Habíamos traído un conjunto de arpa, cuatro y maracas desde el penal y, sin haberla practicado antes, en lo que mi hermana comenzó a cantar a capela, el conjunto la siguió. La energía del público la sentimos en nuestro sistema nervioso. **María Conchita** lloraba de la emoción.

Evita Perón

Al terminar el concierto, el director de cámaras de Venezolana de Televisión me aseguró que a lo largo de más de 20 años de vida profesional, jamás había asistido a un evento tan emotivo y extraordinario. Me dio un fuerte abrazo.

Cuando la taquilla nos entregó el dinero de las entradas y lo conté: ¡no lo podía creer! Luego nos enteramos que con lo recaudado se había podido equipar al hospital de niños de Guanare con un montón de incubadoras, camas y otros equipos que ahora no recuerdo. **Doña Gladys**, la verdadera Primera Dama de Venezuela, nos invitó a La Casona (residencia presidencial, donde ya no vivía **Lusinchi**), pero no pudimos asistir porque **María Conchita** tenía que cumplir otros compromisos fuera de Venezuela. Total que **Juan Pablo II** no fue a Guanare en esa oportunidad. Después, con los años, regresó a Venezuela y visitó la "capital espiritual" del país: ¡como debió haber sido en un principio!

La campaña de **María Conchita** por lograr que el papa visitara Guanare generó cualquier cantidad de comentarios, casi todos a favor. Incluso corrió un chiste en el que se contaba que cuando **Juan Pablo II** conoció a mi hermana, éste la recibió con una expresión muy italiana y cariñosa: **"¡cara!"** (¡Querida!), a lo que **María Conchita** le respondió: **"No, Su Santidad… ¡para Ud. gratis!"**

Y hasta ahí llegó mi carrera pública en la televisión. Nos compramos la "Finca Daktari" y me retiré, "por un ratico", a disfrutar de la vida junto a mis cuatro hijos, mis caballos, mis perros, mis animales y mis verdaderos amigos.

Las cárceles siguieron abarrotadas. Los procesados penales siguieron esperando, "eternamente", por sus sentencias y los "colchoneros" se incrementaron.

Entonces, 15 años más tarde de desidia y corrupción: ¡nos llegó la noche! Muy pronto comprenderíamos lo que mucho se ha dicho acerca de que - ¡a pesar de todo! – éramos felices: ¡y no lo sabíamos!

ANEXOS

RCTV

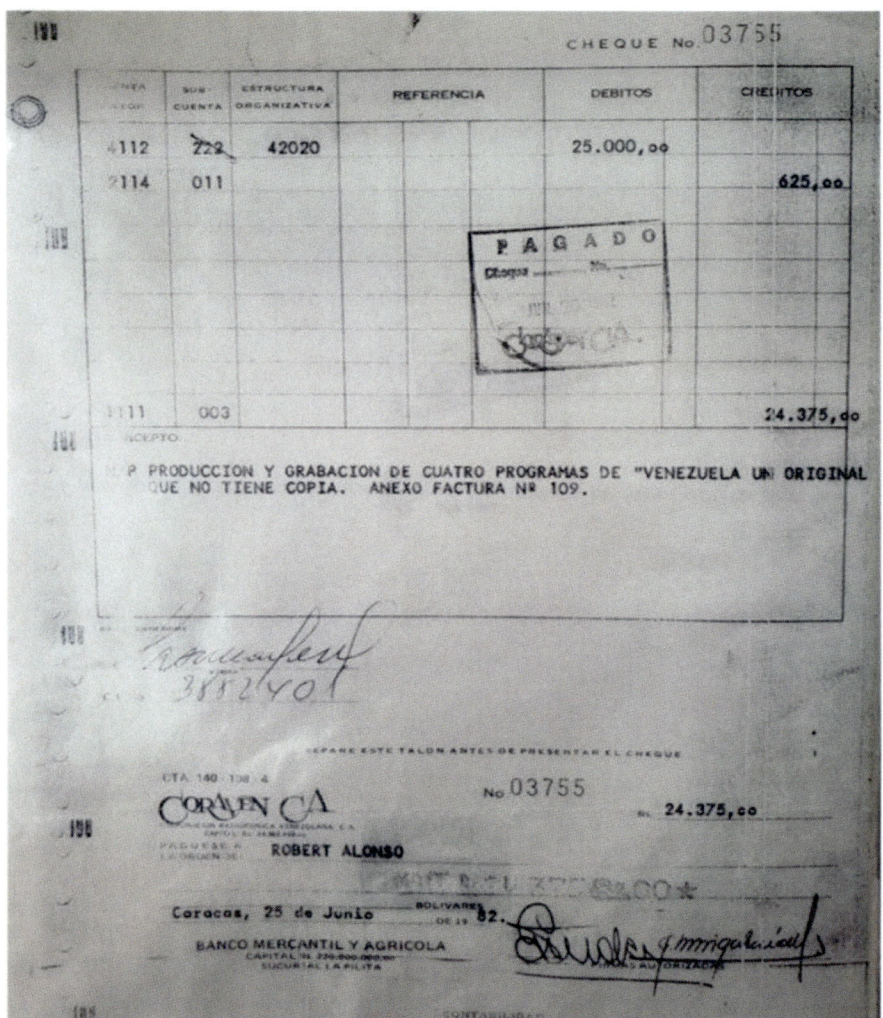

En 1982, Radio Caracas TV le vendió un "micro", por una verdadera millonada a la Xerox de Venezuela; un bellísimo programa de unos quince minutos de duración, transmitidos los domingos durante la mañana, llamado "Venezuela, un Original que No Tiene Copia". Yo dirigía y grababa las tomas de exteriores. Por mi paso por la televisión, fue uno de los programas que más satisfacción me produjo y que más disfruté. Era informativo y educativo, donde presentábamos sitios históricos y turísticos de Venezuela. Recuerdo que una de mis producciones favoritas fue sobre La Colonia Tovar.

Eran tiempos de abundancia en la Venezuela Saudita, donde el bolívar estaba a 4,30. Una cuña de 30 segundos en RCTV costaba una fortuna, razón por la cual el canal se podía dar el lujo de pagar "lunáticos" honorarios y sueldos, como los $ 10mil que le pagaron a un argentino que fue contratado para que lanzara huevos desde un helicóptero sin que se rompieran al llegar a tierra: ¡algo insólito! Me tocó grabar el "número", que no resultó ser tan interesante. Sin embargo, el contratado me confesó que jamás le habían pagado, a lo largo del mundo: semejante suma por su acto. Los dólares no valían absolutamente nada entonces. Los contratos en la televisión eran mil-millonarios.

Para quienes trabajan en el medio de la televisión, del cine, de las artes, etc. las críticas periodísticas son tremendamente importantes. Siempre habrá críticas malas, buenas y excelentes.

A lo largo de mi experiencia en los medios de comunicación, he visto la "diversidad de criterios" por parte de la prensa. Como productor de televisión, he podido coincidir, o no, con críticas que se les han hecho a mis espacios, tanto "positivas" como "negativas". En oportunidades he estado en desacuerdo con críticas positivas a mis programas, porque he considerado que las mismas se han basado en factores secundarios.

En el caso del programa "¡Lo Increíble!, por ejemplo, no se tomó en cuenta – en muchos ejemplos – su producción a nivel técnico. Sus efectos, su musicalización: incluso su edición. Era un programa con técnica de cine, es decir: con una sola cámara. Para la época fue novedoso. Muy pocos críticos se fijaron en esos factores y criticaban, para bien o para mal, su contenido mediático, el cual – por supuesto – también era importante. Lo mismo sucedió, más adelante, con "Más Allá de la Comprensión", programa que produje en Venezolana de Televisión, de un corte parecido a "¡Lo Increíble!".

Muchos críticos dejaron fuera el objetivo de entretener. La televisión, un medio masivo tremendamente importante dentro de una sociedad, no tiene – como única misión – la de informar y educar: también, uno de los objetivos es entretener: simple y llanamente. Los musicales, por ejemplo, no son ni educativos ni informativos. Lo mismo sucede con espacios que no aportan mayor cosa en cuanto a informar o educar, pero que entretienen.

En un sistema como el existente en la Venezuela de entonces, la prioridad de un canal privado era la de generar ganancias, dentro de un balance que contemplaba – además – la obligación de informar y de educar. Programas como "Valores Humanos", por ejemplo (con el Dr. Arturo Uslar Pietri), el cual cumplía con el único objetivo de educar, además de haber sido un espacio tremendamente ameno y entretenido.

Mi programa, "Cirugía", cumplía con el objetivo de educar e informar, además de haber sido un espacio muy comercial, ya que los espacios publicitarios se les vendían a las empresas relacionadas con el mundo de la medicina.

102

CORAVEN C.A.
CORPORACION RADIOFONICA VENEZOLANA C.A.
Capital Bs. 24.802.400

Radio Caracas Televisión

APARTADO POSTAL No. 2057 · TELEX 21221 · CABLES: CORAVEN · TELEFONOS 41.99.71 Y 483-7133 (SERIALES) · DOLORES A PUENTE SOUBLETTE
CARACAS 1010 A — VENEZUELA

Caracas, 15 de junio de 1982

Ciudadano
MINISTRO DE TRANSPORTE
Y COMUNICACIONES
Presente

El Sr. Robert Alonso, portador de la cédula de identidad No.
V-3.986.959 cumple una función sumamente importante dentro
de nuestro equipo humano, en la producción del sabatino
"FANTASTICO", como director de exteriores de segmentos rea-
lizados para el mencionado programa dentro y fuera de Venezuela.

Una experiencia de mas de veinte años en la televisión me han
servido para apreciar la calidad creativa y artística del joven Alonso en nuestro campo. Es por esto que considero de
gran valor su participación en nuestro medio.

Al conocer que Robert necesitaba revalidar sus créditos aca-
démicos para poder recibir de mano suya la licencia de locutor, y al entender que puede usted, así mismo, concederle
un permiso especial que lo exima del requisito de revalidar
sus notas, le pido, muy respetuosamente, todo su apoyo con
el fin de resolverle su impedimento.

Robert Alonso trabaja para nosotros de sol a sol, y conocién-
dolo a él, estoy seguro de que será un gran valor nacional.

Atentamente,

Sr. Oscar Jacco
PRODUCTOR DE "FANTASTICO"

OS/ra

103

CORPORACION RADIOFONICA VENEZOLANA C.A.

Capital Bs. 24.802.400

Radio Caracas Televisión

APARTADO POSTAL No. 2057 - TELEX 21221 - CABLES: CORAVEN - TELEFONOS: 41.85.71 Y 483-7133 (SERIALES) - DOLORES A PUENTE SOUBLETTE
CARACAS 1010 A - VENEZUELA

16 MAR. 1983

A QUIEN PUEDA INTERESAR

Robert Alonso desempeñó los siguientes cargos en esta planta:

PROGRAMA "VENEZUELA, UN ORIGINAL QUE NO TIENE COPIA",
    director-productor

PROGRAMA "LO INCREIBLE"
        Productor-director de segmentos nacionales
        Animador de la sección "LOS LETREROS INCREIBLES"

PROGRAMA "LO INSOLITO ANIMAL"
        Productor-director de segmentos nacionales

PROGRAMA "FANTASTICO"
        Productor-director de la sección "INSOLITO 82"
        Animador de la sección antes mencionada

Robert Alonso ha sido unos de nuestros mayores valuartes, por lo que lamentamos profundamente que fuerzas mayores a su voluntad le hayan obligado a tomar la decisión de dejar de prestar sus servicios para la televisión venezolana.

Lic. Yvette Latuff
JEFA DE RELACIONES PUBLICAS
DE "RADIO CARACAS TELEVISION"

YL/rs

104

CBS/COLUMBIA, C. A.

Av. Principal Los Cortijos de Lourdes - Edif. Maploca II, 4º piso
Teléfono: 239.8707 - 6106 - Apartado 70169
Cables: COLRECORD
CARACAS - VENEZUELA

A QUIEN PUEDA INTERESAR

Nosotros, C.B.S/COLUMBIA hacemos constar por medio de la presente, que
el señor ROBERT ALONSO a través de su compañía, ha realizado varias -
producciones de cuñas televisivas, de nuestros artistas tales como RO-
BERTO CARLOS, PECOS KANVAS, etc. entre otras.

Con dicho trabajo del señor ALONSO, hemos quedado totalmete satisfe-
chos y recomendamos su trabajo y creatividad ampliamente.

Constancia que se expide en Caracas a los cinco días del mes de Abril
de Mil Novecientos Ochenta y Tres.

POR LA C.B.S./COLUMBIA

CHRISTIAN ROUX BARRASA
Jefe de Relaciones Públicas y Publicidad

CORPORACION RADIOFONICA VENEZOLANA C.A.
Capital Bs. 24.802.400

Radio Caracas Televisión

APARTADO POSTAL No. 2057 · TELEX 21221 · CABLES: CORAVEN · TELEFONOS 41.90.71 Y 483-7133 (SEÑALES) · DOLORES A PUENTE SOUBLETTE
CARACAS 1010 A – VENEZUELA

A QUIEN LE PUEDA INTERESAR

POR MEDIO DE LA PRESENTE LE HACEMOS CONSTAR DE QUE EL SR. ROBERT ALONSO PRODUCÍA Y DIRIGÍA LA SECCIÓN DE INSOLITO 82 DENTRO DEL MARATÓNICO SABATINO "FANTASTICO" QUE TRANSMITE ESTA PLANTA DE 4:00 A 10:00 P.M.

APARTE DE PRODUCIR, DIRIGIR Y ANIMAR ESTA SECCIÓN, HACÍA LO PROPIO EN SECCIONES QUE SE PRESENTAN REGULARMENTE EN NUESTRO SABATINO, EN DONDE MOSTRÓ GRAN PROFESIONALIDAD EN TODOS LOS CAMPOS QUE ABARCÓ.

LA PRODUCCIÓN GENERAL DE "FANTASTICO" LAMENTA PROFUNDAMENTE LA DE- CISIÓN DEL SR. ALONSO DE DEJAR EL PAÍS, DESEÁNDOLE LA MAYOR DE LAS SUERTES EN OTRAS TIERRAS.

POR EL PROGRAMA "FANTASTICO"

SR. CARLOS SACCO
PRODUCTOR

CS/BL

17 MAR. 1983

106

Siomi y yo cenando con el afamado comentarista colombiano, Andrés Salcedo y su esposa alemana.

En la foto de la izquierda, aparezco grabando y entrevistando a uno de los técnicos de "algún equipo" de fútbol del "Mundial 82", desconocido para mí. Evidentemente, ahora que veo la foto, se trataba de un individuo importante, a juzgar por los policías que los resguardaban.

Colgado de mi hombro, se puede apreciar el VTR que pesaba una inmensidad. La cámara, una Ikegami (el Rolls Roy de las cámaras), le pertenecía a RCTV, así como el VTR.

Aquel verano rompió record de calor en Barcelona y en toda España (¿o en Europa?), lo que me obligaba a vestirme con pantalones cortos y una franela.

Se puede apreciar, además, el chaleco que le robé a uno de los periodistas turcos.

Fueron muchas entrevistas que hice, entre partido y partido, algunas de las cuales no fueron publicadas, otras: sí.

Notarán que cargo los cigarrillos (Belmont) en la media de mi pierna derecha.

Fue una experiencia muy interesante. No aprendí mucho de fútbol, debo decirlo, pero aprendí mucho en el campo de la televisión. RCTV debió haber enviado a más personal para cubrir un evento tan importante, pero al no hacerlo, me brindó la oportunidad de demostrar "mi inventiva".

Cada vez que apuntaba mi cámara para grabar algo, ahí mismo se me aparecía un "gallego" para advertirme que estaba grabando material prohibido, ya que la exclusiva de casi todo la tenía la Televisión Española. En tal sentido se me ocurrió entrevistar a un hermoso pastor alemán, compañero de uno de los cientos de policías que custodiaban los estadios donde se realizaban los partidos.

Por cierto, el perrito resultó ser un amor. Faltó poco para que me lamiera la cara, lo que no fue del agrado del policía que lo controlaba, puesto que proyectaba una imagen diferente a la que el público tenía de estos animales, supuestamente agresivos. Pero yo conocía a los pastores alemanes, porque llegué a tener una importante cría de ellos en Venezuela.

Cuando la prensa internacional vio que alguien estaba "entrevistando" a uno de los perros de seguridad del "Mundial de Fútbol España 82", se enloqueció. Acudieron muchísimos periodistas y camarógrafos a cubrir "el evento" (mi locura), el cual fue publicado en muchísimas portadas de medios planos del mundo.

En ese mundial se hizo famoso un jeque árabe que se presentó en uno de los estadios con un camello. La "entrevista" mía con el pastor alemán, vino a opacar el tema del camello.

En el último partido del Mundial, podemos apreciar mi poco interés por el fútbol, ya que le estoy dando la espalda al evento. Desde ahí le tiraba el micrófono al técnico italiano para grabar sus "ordinarieces".

Siomi, a sus 28 años, acompañándome en el "Mundial de Fútbol España 82. En la foto de la izquierda la vemos detrás de "El Mago" (Helenio Herrera). A la derecha, detrás de mí en el cubículo de RCTV en el estadio Sarriá de Barcelona.

Departimos mucho con "Pelé", la gloria del fútbol mundial, quien se debió haber graduado en la misma escuela de Nicolás Maduro, a juzgar por su "incapacidad intelectual". Evidentemente fue un gran futbolista, pero su conversación denotaba que lo que tenía en el cerebro era "aserrín mojado", como hubiera dictaminado mi adorada y recordada Abuela Carmelina, QEPD.

No estoy muy seguro, ahora, si "Pelé" sabía dónde quedaba Venezuela.

WAPA TV

LA GENTE ESTA HABLANDO

RÓBERT ALONSO

junio 26
a julio 2
1983
PR: $0.85
US: $1.10

NUEVOS CAMBIOS

WAPA-TV continúa haciendo cambios e introduciendo nuevos programas en busca de la llave que le abra el camino hacia un éxito en los surveys.

Desde el 19 de junio está presentando los domingos (de siete a ocho de la noche) el programa **"A Fondo"**. El mismo pretende escudriñar aspectos generales de interés humano con la objetividad que tal labor requiere.

Cuando fui contratado por WAPA TV (Canal 4 de Puerto Rico), pensé darle un "toque" diferente a "¡Lo Increíble!" e introducir elementos periodísticos, educativos e informativos. En tal sentido me enfoqué en nuevos adelantos de la ciencia, música, creencias religiosas e, incluso: la opción de ayudar a resolver, a través del espacio, crímes que se habían "encargejado". De hecho, a través de la transmisión de elementos que manejaba la policía de la isla, se pudo resolver un sonado crímen.

Era difícil ubicar mi programa "A Fondo". No era netamente periodístico. No era netamente informativo ni educativo, pero – además de entretener – contaba con el elemento comercial, donde las empresas publicitarias se interesaban por colocar sus comerciales en el espacio.

Lamentablemente, "A Fondo" se topó con la censura y, lo que es peor: con la xenofobia.

Transmitimos, por ejemplo, un programa en contra del aborto, tema que entonces estaba muy de moda y los movimientos "liberales" pusieron el grito en el cielo, aunque fue tremendamente bien recibido por la iglesia católica.

Cuando incluimos la historia de la secta de Los Mitas, nos cayó encima "el Vaticano".

Lanzamos a un nuevo cantante puertorriqueño y su proyección generó una demanda por parte del autor de la canción, alegando que se la habían plagiado.

Puerto Rico no estaba muy avanzado en el campo de la televisión. Los productores locales se habían quedado en la televisión que los cubanos llevaron a la isla al principio de haber llegado Castro al poder. Programas al estilo de Pumarejo, como "Reina por un Día" y otros similares.

"A Fondo" vino a modernizar, en parte, la televisión puertorriqueña: ¡y eso trajo sus problemas!

Otros muros con los que nos encontramos fue el factor de la "producción independiente", donde los canales contratan el programa ya listo para salir al aire, lo que iba en detrimento de los intereses del sindicato de empleados de la radio y la televisión.

"A Fondo", desde antes de su debut, comenzó a recibir presiones de los diversos sindicatos que hacían vida en los medios de comunicación social puertorriqueños. Mi empresa, por ejemplo, no estaba sujeta a los acuerdos sindicales logrados frente a los canales de televisión en Puerto Rico, en consecuencia mis empleados no se beneficiaban de ellos y se temía que la modalidad de la "producción independiente" se hiciera viral en la isla, lo que generó mucha preocupación, incluso: a nivel político.

"A Fondo" abrió la "Caja de Pandora".

A NEW NEWS MAGAZINE

SAN JUAN STAR
DOMINGO 12/JUN/83

Clockwise, from top left, some of the *A Fondo* subjects: a Hare Krishna disciple, Gov. Romero, Salvador Freixedo and Salvador Tió.

By PEGGY ANN BLISS
Of The STAR Staff

A confusing sign on a construction site, a taxi driver making up his own words to *Mi Viejo San Juan*, women giving their views on abortion, a shaved-headed Hare Krishna disciple, and an unsolved crime re-enacted:

These are some of the real life vignettes the viewer will be able to see on a soon-to-be-released local news feature program, "A Fondo." The program, to be shown starting next Sunday at 7 p.m. on Channel 4, is the brainchild of young Cuban producer Robert Alonso, who moved here from Venezuela less than two months ago.

"This type of program ('20-20,' '60 Minutes,' 'That's Incredible,' 'Real People') has been enjoying a huge vogue in Venezuela and the U.S., and it seems that Puerto Rico is ripe for it," Alonso said in an interview at the TV studios. "The important thing about this kind of instructive program with a human dimension is that it be light, concise and short, with a lot of variety," he added.

Although "A Fondo" is made locally with local issues, it is expected to be sold throughout Latin America, he said. The program, which will boast the slogan "made in Puerto Rico for the Hispanic world," will concentrate on universal issues, and will include some segments for local use only.

The program on the first Sunday will include a reconstruction of the unsolved murder of Frank Antonsanti Pons, shot down as he approached his car after an opera rehearsal at the Performing Arts

Center. The film clip, made by the police, dramatizes what might have happened that night, and is expected to draw audience reaction which might help solve the crime.

"This kind of thing was started by BBC based on unsolved crimes in Scotland Yard, and it's been used successfully on the U.S. mainland," Alonso said.

Also on the agenda for the first hour are an in-depth look at abortion, a study of the Hare Krishna phenomenon here, and several short segments of local people singing spontaneously for the roving mike. Future programs will include a humorous segment on language done with the help of Salvador Tió of the Puerto Rico Language Academy and reports on religious phenomena like the Mita congregation, the charismatic Catholic movement, and cosmic theology with controversial Catholic priest Salvador Freixedo.

There will also be reports on homosexuality, the Oedious complex, and illnesses such as epilepsy and AIDS, and on other subjects sometimes considered taboo. Alonso plans to intersperse humorous shorts on manners between the more serious segments.

There will also be a section called "El Pueblo Entrevista" (People Interview). In one of the first, a factory worker will get an opportunity to confront the governor. Alonso will take his cameras first to the factory and then to La Fortaleza to have Gov. Romero answer. Another section will give new talent — local rock singer Danny Elwood will be one of the first — a chance to be discovered.

Also planned are two "real-life dramas," one is about an entire Ponce family

who are dying of Alport Syndrome, and the other about a man who was bitten 200 times by five German shepherds.

"Once the program is on the air, I'll get lots more ideas from viewers, and I'll have more than I can handle," says Alonso.

Alonso was born in Cienfuegos, Cuba. At the age of 12, he came to San Juan with his family. Later the family moved to Miami, and then to a variety of cities, including Spokane and Caracas. Growing up, Alonso became interested in films, and studied cinematic production in Scotland and in Germany. His parents both work in Caracas now, and his sister Maria Conchita Alonso is an actress who has worked on such TV programs as "Night Riders" and "Fantasy Island." Alonso later established his own production company in Miami.

The young impresario got the idea for "A Fondo" when he produced 24 programs based on the "That's Incredible" format for a Caracas television station. One day he met Puerto Rican children's television personality Pacheco (Joaquín Monserrat) who urged him to bring a similar program to San Juan. The idea appealed to him, he said, especially because Caracas was already saturated with similar formats.

Despite the fact that Puerto Rico is a small island, Alonso believes it is a good place to start producing a serious program for a wide Spanish-speaking audience.

"I think Puerto Rico has an enormous potential for this kind of human interest program," he said. "And what it most needs is not a lot of money, but a lot of imagination."

Nuevo programa en WAPA-TV

EL VOCERO, San Juan — Jueves 26 de Mayo de 1983

ROBERT ALONSO
Productor

SAN JUAN — "Crimenes sin resolver", "Personalidades olvidadas", "Encuestas", "El pueblo entrevista", "Las cámaras son Suyas", éstos y otros son algunos de los títulos de los diferentes segmentos de este nuevo programa de WAPA-TV que comienza en junio.

"A Fondo" cubrirá un espectro amplio de la vida humana, el cual permite ofrecer a los televidentes todas las funciones que brinda la industria de la televisión: Informar, Entretener, Educar y Orientar", dice Robert Alonso, productor del nuevo programa, quien cuenta con un amplio bagaje de experiencia en estas áreas.

 Televicentro Films Inc.

G.P.O. BOX 2080 SAN JUAN, PUERTO RICO   00936
SAN JUAN (809) 792-4444

El Portador, Sr. Robert Alonso, produce el programa "A FONDO" que saldrá próximamente al aire por esta emisora, Canal 4 WAPA-TV.

Agradecemos toda la colaboración prestada al señor Alonso para los fines de llevar a cabo la mencionada producción.

En Guaynabo, Puerto Rico a 13 de abril de 1983.

Atentamente,
TELEVICENTRO FILMS, INC.

William J. Pérez
Vice Presidente

WJP/crs

Televicanteo Films Inc.

G.P.O. BOX 2050 SAN JUAN, PUERTO RICO 00936
SAN JUAN (809) 790-4444

May 13, 1983

White House
Press Office
Washington, D.C.

Dear Sirs:

We are in the process of producing a News Program, which will
be of one hour duration and will be televised on prime-time.
The program will be named "A FONDO" and is destined not only
to the Puerto Rican audience, but also to the spanish-speaking
North Americans, as we are contemplating projecting this program internationally.

We have decided that the first program to be aired will be a
Special related to the polemic topic of "Abortion," which
will have a radical position against such practice. Due to
the recent declarations of President Reagan on this important
topic, we have considered appropriate to intent, by this means,
to obtain President Reagan's position on this subject, for the
purpose of including it with the declarations of the prominent
persons of our country that we already have for this program.

With the cooperation of the valued help of the Government of
Puerto Rico, we would like to obtain a brief interview with the
President on any day of the first week of June, 1983, where we
can go about a brief interview on the above mentioned issue,
whichever location you may deem necessary.

We await your prompt response.

Cordially,

Robert Alonso
General Producer "PROGRAM - A FONDO"

Avión Cubano

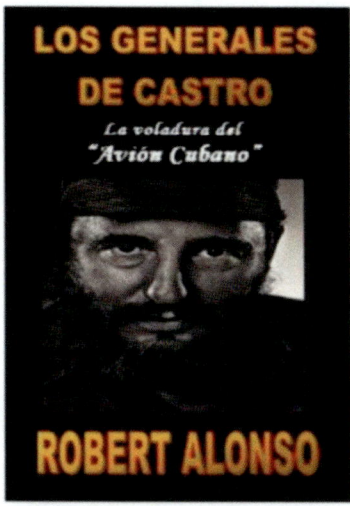

En 1985 publiqué una "historia novelada" sobre el famoso "Caso del Avión Cubano", donde expuse una muy-factible teoría sobre quién, cómo y por qué el DC-8 de Cubana de Aviación fue siniestrado en aguas internacionales, frente a las costas de Barbados, el 6 de octubre de 1976.

La publicación del libro me produjo un "Segundo Exilio", ya que fui amenazado de muerte por Orlando García, quien fuera el hombre fuerte – de facto – de la DISIP, durante el primer gobierno de Carlos Andrés Pérez, además de sufrir un atentado.

El libro fue distribuido por Merca Libros, empresa de RCTV, a través de la "Librería Las Novedades", logrando el quinto lugar de ventas, en la Venezuela de entonces: ¡donde todavía se leía!

En él acuso a Fidel Castro de haber colocado la bomba de dinamita comercial en el compartimiento de carga del avión, para deshacerse de 7 generales ("los generales de Castro"), que regresaban a Cuba llenos de poder militar, bajo la batuta del General Arnaldo Ochoa, quien luego fuera fusilado en Cuba acusado de narcotráfico.

Para los Castro, Arnaldo Ochoa fue un héroe de la guerra en Angola. Siendo teniente, desembarcó en Venezuela, en lo que se llamó "La Invasión de Machurucuto".

El "Caso del Avión Cubano" estuvo marcado por la tragedia. Varios personajes relacionados, directa o indirectamente con este terrible evento, perdieron sus vidas; entre ellos, el Dr. Raymond Aguiar (del equipo de la defensa), Francisco Chao Hermidas (cubano director del vespertino 2001), el General Elio García Barrios (presidente de la Corte Marcial), Ricardo "Mono" Morales Navarrete (cubano comisario de la DISIP, quien reconoció haber colocado la bomba por órdenes de Orlando García) y varios otros, dentro y fuera de Cuba.

Comienza en Texas el juicio contra el anticastrista Luis Posada Carriles

Martes 11 de enero de 2011, 09:07h

El juicio contra el ex agente cubano de la CIA Luis Posada Carriles, solicitado por Cuba y Venezuela por delitos de terrorismo, comenzó este lunes en el juzgado federal de El Paso, Texas, con la selección del jurado, informaron los medios oficiales de la isla.

El 11 de enero de 2011, comenzó el juicio contra Luis Posada Carriles, quien – para entonces – tenía 81 años y había pasado muchos años de su vida en prisión, luchando por intentar liberar a Cuba del castro-estalinismo internacional.

Fue acusado en Estados Unidos de los delitos de fraude migratorio al haber entrado ilegalmente en ese país en abril de 2005 a través de un barco pesquero, después de que la entonces-presidente de Panamá, Mireya Moscoso, lo indultara unos días antes de culminar su mandato, luego de haber sido condenado por orquestar un atentado en Panamá en contra de Fidel Castro.

El juicio tuvo que ser trasladado al estado de Texas, por motivos de seguridad.

Tanto Cuba como Venezuela, pedían la extradición de Luis Posada Carriles, quien fuera encontrado inocente de los cargos que se le imputaban. Amparándose en la "Convención contra La Tortura", pudo evitar ser extraditado a cualquier de los dos países, evitando así su fusilamiento.

Luis Posada Carriles murió en Miami, el 23 de mayo de 2018.

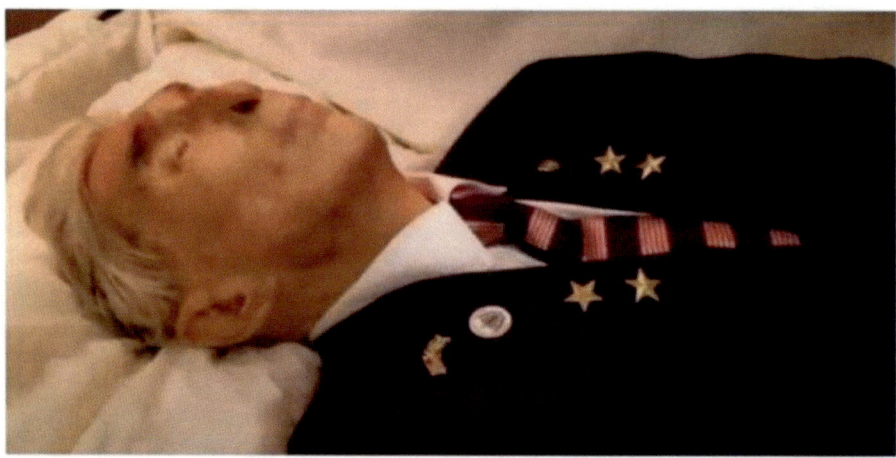

Arriba, los restos mortales de Luis Posada Carriles, quien muriera en Miami el 23 de mayo de 2018. Luchó toda su vida adulta por ver a su Cuba libre. Gracias, en parte, a él, Venezuela no cayó en las garras de los Castro cuarenta y tantos años antes. Fue Comisario General de la DISIP. Si hubiera logrado su sueño de liberar a Cuba, Venezuela y los venezolanos se hubieran ahorrado la mayor desgracia sufrida por ese país sudamericano en toda su historia.

Luis Posada Carriles, un cubano exiliado y nacionalizado venezolano, entre 1967 y 1974 fue el director de contrainteligencia de la Dirección de los Servicios de Inteligencia y Prevención (DISIP) de Venezuela.

Pintura de Posada Carriles

Luis Posada dejó de ser un activo en la CIA en 1974, pero continuó teniendo «contactos ocasionales» con ella hasta junio de 1976. Su guerra no solamente era para liberar a Cuba de los Castro: ¡era una guerra contra el castro-estalinismo internacional! De haber triunfado, muchas desgracias se hubieran evitado en muchos países del mundo: ¡y no solamente en el hemisferio occidental!

Los terroristas del planeta lo acusaban de terrorista. Hoy, incluso, muchos venezolanos que han visto cómo se perdió Venezuela en las garras de los Castro, lo ven como un enemigo. La reciente película (muy mal actuada, muy mal producida y peor dirigida), "WASP Network", protagonizada por el actor venezolano Edgar Ramírez, resalta la grandeza de los espías de la "Red Avispa", infiltrados y apresados (en su mayoría) por las autoridades federales de Estados Unidos y lo que es peor: ¡es admirada por muchísimos ignorantes venezolanos antichavistas y antimaduristas dentro y fuera de Venezuela!

La película mencionada es una apología del terrorismo castrista, el mismo sistema que destruyó, total, absolutamente y para siempre a Venezuela: ¡y todavía existen venezolanos que la promueven!

Luis Posada Carriles fue un APÓSTOL DE LA LIBERTAD, no solamente de Cuba: ¡de Venezuela, Nicaragua, Honduras, Guatemala y El Salvador!

Al ser declarado inocente por una corte federal de inmigración de Estados Unidos, vivió de la venta de sus cuadros en Miami y murió sin un centavo. Tengo el inmenso honor de haber sido su incondicional amigo y de haber recibido, de la mano de "El Bambi" (Luis Posada Carriles), una de sus obras.

¡Paz a sus restos!

"Los Paracachitos"

El domingo 9 de mayo de 2004, "Día de Las Madres", el régimen informó haber allanado nuestro hogar, "La Finca Daktari" y haber capturado en ella a más de un centenar de supuestos paramilitares colombianos a quienes les encasquetaron el apodo de "Los Paracachitos".

El remoquete se generó luego de que el General Jorge García Carneiro, declarando para la prensa desde "Daktari", aseguró que no se encontraron armas: ¡solamente una caja repleta de "cachitos" de jamón. De ahí a algún periodista se le ocurrió bautizar a los detenidos con el apodo de "Los Paracachitos de Daktari"... ¡y así se quedó!

Con los días las noticias sobre "el evento" fueron cogiendo fuerza. El régimen de Chávez aseguró que hubo unos 130 supuestos paramilitares colombianos que tenían más de mes y medio entrenándose en nuestro hogar con la intención de tomar la "Base Aérea de Palo Negro", en Maracay, a unos 120 kilómetros de Caracas. Según Hugo Chávez, aquel contingente formaba parte de uno mayor compuesto por más de tres mil combatientes extranjeros. La idea, según se dijo, era la de secuestrar en "Palo Negro" un avión F-16, el cual sería artillado en la isla de Aruba con 12 bombas de 500 libras cada una. El objetivo del jet a secuestrar era bombardear "Fuerte Tiuna", a 20 kms de "Daktari".

En la madrugada de aquel fatídico 9 de mayo (de 2004), todas las fuerzas activas del régimen allanaron "La Finca Daktari" y arrasaron con todos sus empleados, menos uno. Más de 30 seres humanos fueron masacrados, incluyendo a dos hijos de crianza de 12 y 10 años, Ricky y Toñito, quienes fueron degollados al más puro estilo de ISIS, solo que con un machete sin filo. Todos los animales de la finca corrieron con la misma suerte.

El famoso novelista francés, Gérard Adam de Villiers, quien había nacido en París en 1929 y murió en la misma ciudad en 2013, a la edad de 84 años, escribía un promedio de 4 novelas al año y llegó a vender más de 150 millones de libros. Fue agente del SDECE ("Servicio de Documentación de Exterior y Contraespionaje") de Francia.

Villiers se consideraba declaradamente de derecha, liberal, anticomunista, antiislamista, anticomunitarista y antisocialista. Fue particularmente famoso por la creación del personaje llamado "Maiko Linge", el "007" francés. A raíz de los eventos de "Daktari" se trasladó a Venezuela y escribió una novela titulada "Que La Bestia Muera", basada en la saga de "Los Paracachitos".

ESTADOS UNIDOS Y COLOMBIA ESTÁN DETRÁS DE LOS PARAMILITARES DE ROBERT ALONSO

12 de mayo de 2004

El presidente de Venezuela, Hugo Chávez, acusó a Estados Unidos y Colombia de planear, ordenar y financiar la "invasión" de los paramilitares capturados en la finca de Robert Alonso, a pocos kilómetros de Fuerte Tiuna, la mayor guarnición militar de ese país.

El plan, según se pudo conocer, era el de capturar un escuadrón de aviones F-16, de fabricación norteamericana, para bombardear diversos puntos de Venezuela, incluso, cientos de kilómetros de frontera con Colombia donde el ejército colombiano tenía represado al grueso de las guerrillas izquierdistas de las FARC. **"Intentaban matar varios pájaros de un tiro, incluyéndome a mí..."**, aseguró Chávez en una rueda de prensa internacional con motivo de la crisis provocada por Alonso y sus paramilitares.

Se pudo conocer que el más de un centenar de irregulares colombianos capturados en la Finca Daktari de El Hatillo, formaba parte de un contingente de supuestos mercenarios que pudiera sumar varios miles. **"Una operación de tal magnitud solamente puede llevarse a cabo con la cooperación de organismos internacionales"**, aseguró el presidente Chávez en su alocución de hoy. **"Es imposible, bajo todo punto de vista, que este señor, Alonso** – a quien sus hombres llaman "El Coronel" – haya podido, él solo, financiar esta invasión, cuya punta del iceberg hemos descubierto el domingo pasado", concluyó Chávez.

Bajo el punto de vista militar el operativo tenía mucha lógica y sus objetivos se hubieran logrado de no haber mediado la mala suerte. La Finca Daktari está a una hora de distancia de la base aérea "Palo Negro", donde se encuentran los aviones F-16 que Chávez heredó de lo que él llama la "IV República". De los once aviones de combate que de este tipo cuenta la Fuerza Aérea Venezolana (FAV), solo seis están en funcionamiento. Los mismos se encuentran varados sin gasolina y artillería en Palo Negro. El plan, según el presidente Chávez, incluía el secuestro de estas aeronaves, las cuales serían artilladas y abastecidas de combustible en la base militar norteamericana de la vecina isla de Aruba. **"No tenemos todas las pruebas, pero las encontraremos..."**, prometió Chávez al país nacional.

ESTAFA DOBLE AGRAVADA – ROBERT ALONSO

Mercenarios sudafricanos y holandeses fueron contratados por Robert Alonso

Los organismos de inteligencia de Curazao visitaron la finca donde se encontraba un pelotón de mercenarios sudafricanos y holandeses que había sido contratado por Robert Alonso para entrar en acción una vez que comenzaran las operaciones golpistas que debieron haber tenido lugar en Venezuela a mediados del mes de mayo.

Se trata de varias decenas de combatientes altamente calificados, veteranos de la guerra de Angola, quienes estaban al servicio del gusano cubano-venezolano a quien le detuvieron en una finca de su propiedad, más de un centenar de mercenarios colombianos.

Se desconoce con exactitud el plan donde actuarían los sudafricanos y holandeses en suelo venezolano, sin embargo, luego de una primera entrevista, algunos de los mercenarios aceptaron que habían sido contratado por Alonso para desestabilizar el gobierno de Venezuela.

Toda clase de noticias generaron "los eventos de Daktari". Cuando reventó el escándalo, hacía rato que me encontraba exiliado en la ciudad de Miami, desde donde me enteré del allanamiento por mi madre, quien todavía vivía en Venezuela, específicamente en la Colonia Tovar.

Para mayor información, visiten https://www.robertalonsopresenta.com/concierto-de-aponte

Venezolana de Televisión

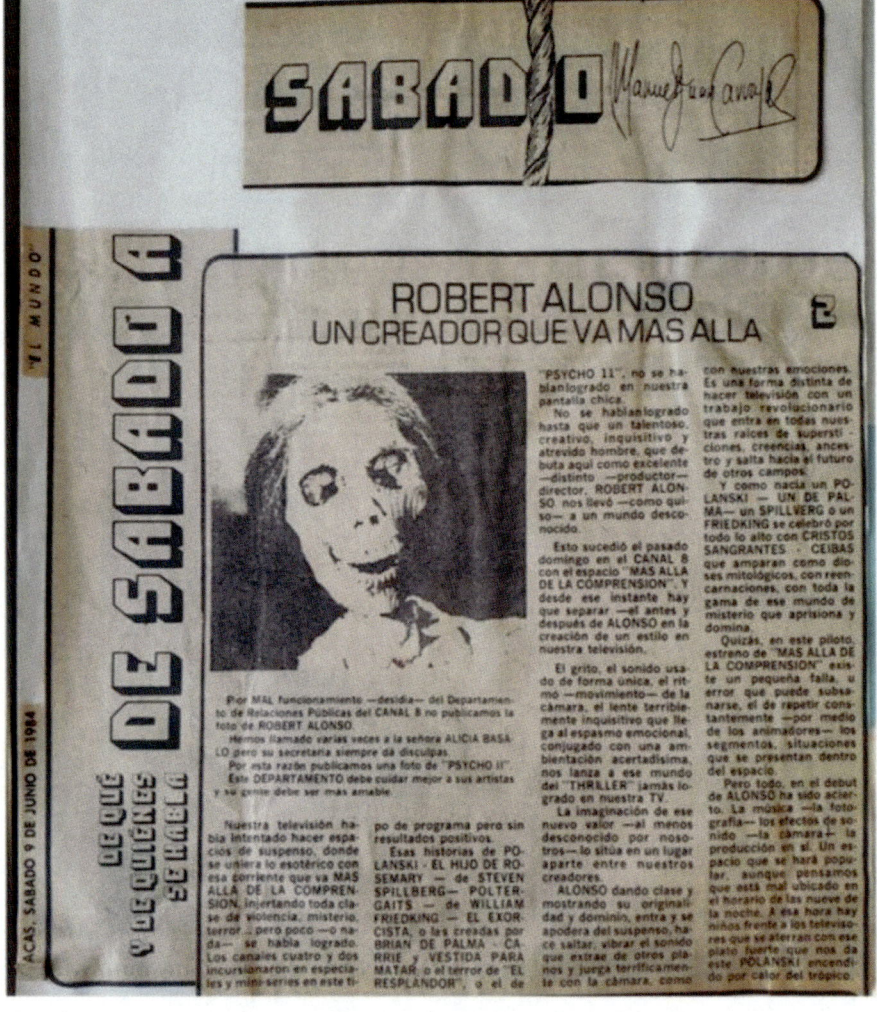

Venezolana de Televisión fue fundada como una emisora privada de alcance local en la ciudad de Caracas por la familia de empresarios Vollmer, bajo el nombre inicial de Cadena Venezolana de Televisión, C.A. (CVTV), el 1 de agosto de 1964.

El entonces presidente de la república, Raúl Leoni, fue el elegido para cortar la cinta inaugural. Pese a su nombre, sin embargo, no era una cadena nacional de televisión pues carecía de alcance nacional. Esta situación fue cambiando y para finales de la década de 1960 la señal ya contaba con repetidoras en las principales ciudades del país.

El 31 de agosto de 1974, luego de prolongados problemas financieros originados por la fuerte competencia de las ya consolidadas cadenas RCTV y Venevisión, el canal fue estatizado por el gobierno de Carlos Andrés Pérez por 25 millones de bolívares y el 8 de abril de 1976 adquirió su nombre actual. Desde entonces su lema es «El Canal de Todos los Venezolanos».

Entre 1974 y 1980, VTV fue totalmente financiada por el Estado venezolano, experimentando una expansión en su cobertura que le permitió ser sintonizada en todo el país. No obstante, debido a recortes presupuestarios, desde 1980 fue autorizada a transmitir publicidad para obtener financiamiento adicional.

A partir del 1 de diciembre de 1979, VTV, al igual que las demás cadenas de televisión venezolanas, fueron autorizadas, por el gobierno del presidente Luis Herrera Campins, a transmitir completamente en color, utilizando el sistema NTSC-M. Durante la década de 1980 el canal atravesó por graves problemas económicos y bajos niveles de sintonía. Entre 1979 y 1982 llevó por nombre Venezolana de Televisión, Red Canal 8.

En 1990 se decide racionalizar los recursos del espectro radio eléctrico debido a la grave situación económica del país, poniendo fin a las operaciones de Televisora Nacional (TVN), el otro canal estatal que existía entonces en Venezuela y que transmitía en el canal 5 (VHF) en Caracas, hecho consumado en diciembre de 1991. Por tal motivo, en aquel año se suprimió su transmisión matutina comenzando a transmitir a partir de las 12:00 del mediodía.

Durante el segundo intento de golpe de Estado de 1992, las instalaciones de Venezolana de Televisión, particularmente su sede principal, fueron objeto de una violenta toma militar con saldo de 8 muertos, todos ellos trabajadores desarmados del canal, con el propósito de que los golpistas llamaran a la población a sublevarse y desconocer el gobierno del entonces presidente de la república, Carlos Andrés Pérez. La programación de ese día fue sustituida por una transmisión improvisada en vivo desde los estudios situados en la urbanización Los Ruices, donde gran parte de la población venezolana pudo ver en sus pantallas a personajes desconocidos llamando a la insurrección. Los sublevados fueron prontamente controlados por las fuerzas leales al gobierno y llevados a prisión. Sin embargo, los genocidas fueron absueltos y puestos en libertad durante la última presidencia de Rafael Caldera.

Llegando Jaime Lusinchi a Miraflores, se hizo un intento para competir, comercialmente, con las estaciones privadas de televisión en Venezuela. Fue ahí donde entré yo con mis dos programas: "Cirugía" y "Más Allá de la Comprensión".

Sin embargo, la politización y la corrupción desmedida hicieron mella en un gran esfuerzo por lograr el auto-financiamiento del canal del Estado y toda esa intención se convirtió en sal y agua.

Venezolana de Televisión tuvo sus "quince minutos de gloria", con novelas como "La Mujer Sin Rostro" y, por qué no decirlo: ¡con espacios como "Cirugía" y "Más Allá de la Comprensión"!

Hasta entonces, el ÚNICO programa que le daba dividendos al canal del Estado era "Monitor Hípico", un espacio que – supuestamente – les daba "datos" a los fanáticos de las carreras de caballos. El resto de la programación era "cascarita de piña", como hubiera asegurado mi recordada Abuela Carmelina, QEPD.

Cuando el sindicato de trabajadores de la radio y la televisión comenzó a ver cómo VTV progresaba, ahí mismo comenzó a ver cómo le sacaban provecho y comenzaron las denuncias antes el Ministerio de Transporte y Comunicaciones.

Los dos programas que sufrieron de esos ataques "sindicaleros", fueron – precisamente: "Más Allá de la Comprensión" y "Cirugía".

Inmediatamente, ambos programas fueron "protestados" por el poderoso sindicato, alegar "irregularidades". Se entabló una feroz lucha entre los sindicalistas, mayormente de la izquierda radic el gobierno del entonces-presidente Jaime Lusinchi. Al final… y por un ratico, el gobierno nacional g la batalla, pero los sindicalistas continuarían arremetiendo contra VTV. En poco tiempo, el canal Estado terminó siendo una piltrafa y hoy, es un vulgar instrumento al servicio de la tiranía castrista.

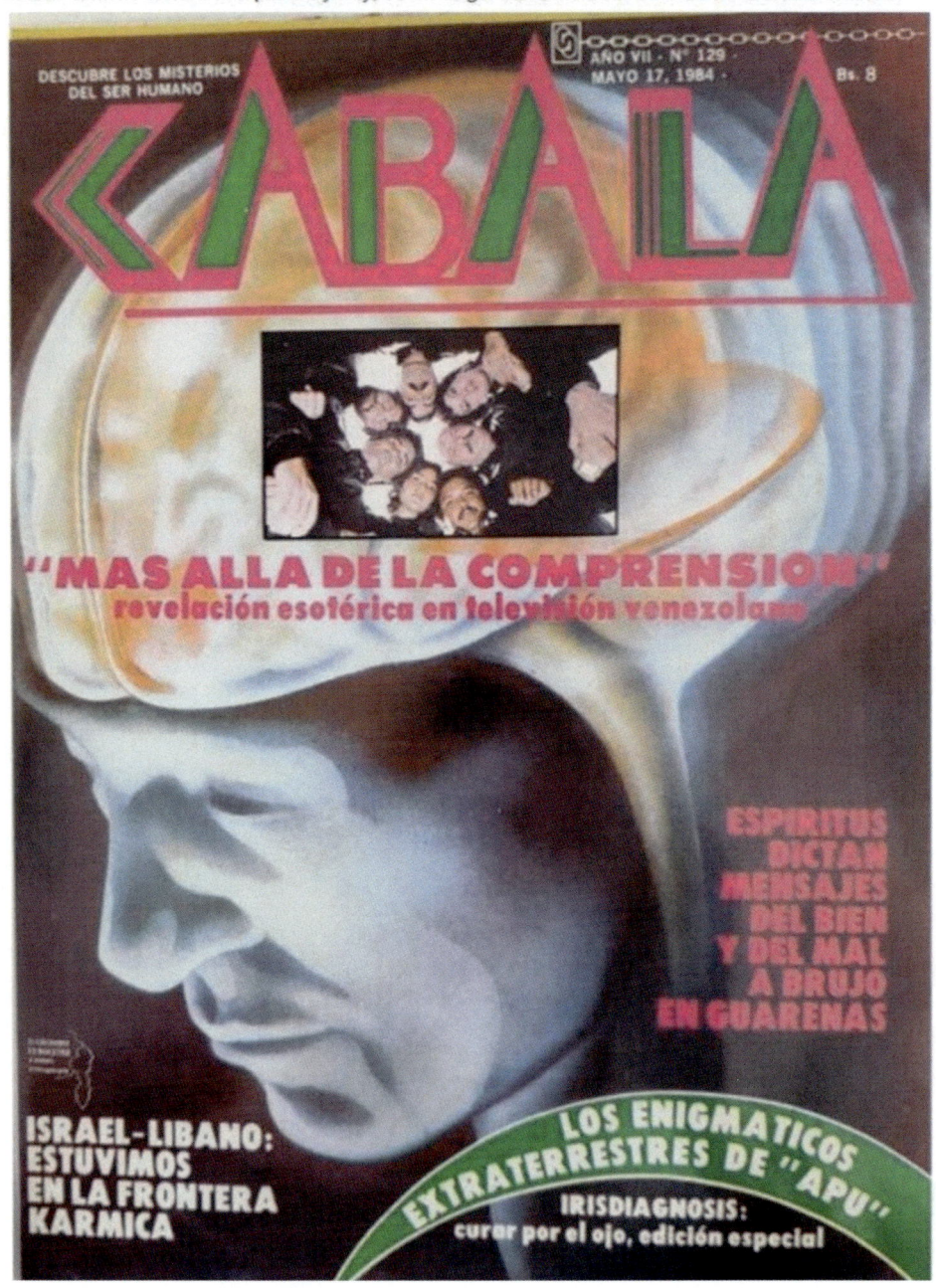

EL EQUIPO: Los integrantes de Más Allá de la Comprensión, en una nueva dimensión cósmica.

Todos los domingos a las 9 de la noche en el Canal 8

"MAS ALLA DE LA COMPRENSION": revelación esotérica en televisión venezolana

EN NUESTRO PAIS, UN GRUPO DE PROFESIONALES CON INQUIETU-DES ESPIRITUALES TRATAN DE DI-VULGAR, CON HECHOS VERIDICOS, EL MISTERIOSO MUNDO PARANOR-MAL QUE TANTO NOS ATRAE.

UN PROGRAMA UNICO EN LA TE-LEVISION LATINOAMERICANA, FIL-MANDO Y ANALIZANDO MUCHOS HECHOS SOBRENATURALES, EN-TRE ELLOS, ALGUNOS RELATADOS EN NUESTRA REVISTA "CABALA".

por: AURA ESTELA LATTUF
fotos: AMENODORO MOROS

"MAS ALLA DE LA COM-PRENSION es el mejor programa esotérico que va a ser producido en Vene-zuela. Digo esto porque aquí nunca se había hecho uno igual, y el equipo humano que lo ha creado es idóneo, y siente especial interés por el estudio e investigación por los fenómenos paranorma-les". Quien se expresa así es Robert Alonso, Productor y Director General de este pro-grama de televisión que co-menzó a transmitirse el pa-sado domingo por Venezola-na de Televisión, Canal 8

UN MEDIO DE DIFUSION ES-PIRITUAL EFECTIVO

"MAS ALLA DE LA COM-PRENSION" es el resultado del tesón de un grupo de per-sonas muy ligadas al medio televisivo, y con muy buena imagen entre el público ve-nezolano, quienes se han da-do a la tarea de tratar de di-fundir con mucha seriedad, responsabilidad e imparciali-dad, una serie de hechos reales que reflejan el fasci-nante y misterioso mundo del esoterismo.

Para conocer a fondo cuál es la finalidad que se persi-gue con este programa, me dirigí a las oficinas de pro-ducción, que están ubicadas en el Este de Caracas... Ahí me esperaban, todos vesti-dos de negro: Neyda Pless-man y Rafael García Flores, ambos locutores, con mu-chos años dentro de este campo artístico, y quienes tienen a su cargo la presen-tación del programa: Yvette Latuff, David Canon, José Rafael Aliendo, nuestro di-rector Valentín Alejandro La-dra, y nuestro anfitrión Ro-bert Alonso... ¿Cuál era el motivo de estar todos vesti-dos con trajes negros? Pues, que la foto de la porta-da de esta publicación fuese

NEYDA PLESSMAN: La hermosa y eficiente locutora, devota de San Judas Tadeo.

ROBERT ALONSO: Bulle en ideas y creación; reconocido internacionalmente, es el Director y Productor General.

RAFAEL GARCIA FLORES: Sereno, profundo, entusiasta del impactante programa, estuvo en el Río Jordán orando.

JOSE RAFAEL ALIENDO: Operador de Audio y Video, sorprendido por los fenómenos sobrenaturales filmados.

B CABALA

impactante... Todos con un estado de ánimo muy contagioso emitieron su opinión al respecto.

UNA IDEA QUE SE CONVIRTIO EN REALIDAD

Robert Alonso es un hombre que tiene mucha creatividad, y así lo ha demostrado a través de sus producciones, que se han visto a nivel nacional e internacional. Ha trabajado en empresas de televisión en Alemania, Estados Unidos y en Venezuela. En nuestra nación, hizo trabajos especiales para "Fantástico" y "Lo Increíble", filmados unos aquí y otros en el extranjero.

Quien conoce a Robert Alonso se prenda de su entusiasmo para el trabajo y de su perenne sentido del humor. En nuestra informal entrevista nos dice: "Siempre había mantenido latente la idea de realizar un trabajo para la televisión que fuese netamente esotérico. Y este deseo se me ha cumplido".

—¿Por qué siempre has tenido ese interés? —pregunté.

—Porque siempre he creído que aparte del mundo físico que estamos acostumbrados a ver, hay otro invisible; ya que éste se nos manifiesta diariamente, pero no le damos la real importancia que tiene.

—Soy una persona muy perceptiva —explica— y he podido comprobar que, a pesar de que no tengo las facultades paranormales tan desarrolladas, tengo la capacidad de captar algunos fenómenos extrasensoriales, como serían los casos de telepatía y de tener visiones premonitorias.

—En cuanto a los numerosos trabajos que has realizado para incluirlos en este nuevo programa, ¿algún suceso te ha parecido difícil de creer?

—Aquí me han llamado muchas personas para explicarme casos impresionantes, que algunos catalogarían como imposibles de suceder en la vida real. Yo tengo una "mente abierta" para todas esas cosas que parecen inexplicables. Nunca pienso que son inventos, y voy al sitio del hecho, para verificar personalmente si es cierto o falso.

—Como sabes muy bien —me dice—, tú has entrevistado a muchas personas que dicen poder realizar hechos sorprendentes. Al cabo de la experiencia, uno determina quién dice la verdad. Asimismo, estamos recurriendo a dialogar con algunas personas que ustedes, los de "CABALA", han entrevistado en tiempos pasados, para filmar las facultades paranormales que ellos poseen... La verdad es que hemos filmado cosas que hacen pensar al más descreído. ¡Así que no se pierdan ni un sólo programa! —expresa con una amplia sonrisa.

ALGO UNICO EN LA TELEVISION

—¿Ustedes piensan influir en la opinión pública para que crean en todo lo relacionado con las Ciencias Ocultas?

—Tanto como influir no. En este programa tratamos de presentar hechos verídicos de algunos fenómenos paranormales, y luego se les explica al público, en términos esotéricos, el porqué de ese hecho. Además, quien se encarga de hacer esa explicación es un hombre muy capacitado en la materia, y quien dirige con mucho acierto la revista "CABALA", Valentín Alejandro Ladra es quien interpreta y analiza cada uno de los hechos sobrenaturales que aquí presentamos. Todo lo hacemos con una seriedad rigurosa, y el televidente razonará sobre lo que ha visto. El es quien decide si creer o no creer.

—Estamos haciendo un programa que todo el mundo va a tener que ver, ya sea para saber de qué se trata, ya sea porque cree en ello y quiere aprender más, o sea para ver algo diferente... Sé que va a tener mucha aceptación y esto me tiene muy optimista —manifestó el Director y Productor General de "MAS ALLA DE LA COMPRENSION".

—En cuanto a ese aspecto —interviene Rafael García Flores— yo creo que la política principal que tiene Robert Alonso es motivar a la gente sobre cosas que suceden en Venezuela, o en cualquier país del mundo. En nuestro

MAYO 17 de 1984

programa se trata de explicar de manera precisa, científica, testimonial, y de modo audiovisual sucesos que constituyen hechos de la vida real, y que al final del mismo, lanzamos una interrogante, y es aquí donde se produce la incógnita: para que cada quien se haga su propia idea y determine los hechos "MAS ALLA DE LA COMPRENSION" es una especie de juicio público, y el televidente será quien dará el veredicto, si creer o no.

UNA HERMOSA HERMANDAD

Nuestra conversación discurría en completa armonía. Todos estaban atentos a lo que decían sus compañeros de trabajo. De repente, alguno hacía un chiste y se formaba la algarabía.

—Neyda, ¿te sientes incentivada en este programa? ¿Has tenido experiencia en programas similares? —pregunté a la hermosa locutora.

—Nunca había participado en programas similares, pero me siento muy satisfecha de presentar éste, ya que soy una persona que sí cree en la existencia de un mundo extrasensorial, pues he tenido muchas experiencias en el campo de lo paranormal.

—Todos nosotros —manifiesta Neyda— tenemos facultades extrasensoriales. Lo que sucede es que son muy pocas las personas que tienen la capacidad de percibir, y los que las tenemos, aunque sea en un nivel mínimo, captamos extrañas vibraciones que no sabemos cómo explicarlas.

—Entonces, ¿siempre te ha interesado el mundo esotérico?

—Sí, desde pequeña, debido a que tengo facilidades para tener experiencias telepáticas, y al no descifrar ese misterio, me ha llevado a leer diversos libros de Metafísica y de Parapsicología.

—Te vuelvo a recalcar que me siento muy feliz de trabajar en este programa, ya que los temas que presentan me fascinan.

SINTONIA TOTAL

Mientras Neyda me respondía, Yvette Latuff, quien es la productora de ese pro-

grama, revisaba unos guiones. Ella tiene muchos años dentro del medio televisivo, y sus últimos trabajos los desempeñó en "Pantalla de Plata" y en "Lo Increíble".

—Yvette, ¿los casos paranormales que has presenciado en los diferentes programas donde has trabajado, y este en especial, han afectado de alguna manera tu vida espiritual?

—La verdad es que he visto muchos casos asombrosos, y si yo no tuviera bien arraigadas mis creencias espirituales, tal vez estuviese un poco confundida. Respeto todas las creencias, y esto me ha ayudado a discernir entre lo que es bueno y es malo... Yo creo que uno al conocer a fondo los diversos credos religiosos, tiene plena seguridad de que la doctrina que uno profesa es la correcta.

A medida que cada uno de los entrevistados daba su opinión, los demás compañeros intervenían y ponían ejemplos de hechos sobrenaturales que habían presenciado, y que a la hora de la verdad, ellos, muchas veces, no hallaban una explicación posible.

David Canon es el Director Escénico del programa y nos dice: "esta es la primera vez que trabajo en un programa netamente esotérico, y muchos de los casos que he filmado me han dejado muy asombrado. Figúrate, que antes yo dudaba un poco de los fenómenos paranormales; ahora no".

—Pero lo que más me gusta de este programa —continúa— es que trabajamos con mucha unión, y cada quien puede expresar su opinión sobre algún punto, sin que haya disgusto entre ninguno de nosotros.

—Comparto la opinión de David —interviene José Rafael Aliendo, el operador de Audio y Video—, debido a que yo decía que muchos de esos fenómenos que presentaban por televisión eran trucos; ahora sé, porque los he visto, que esos casos suceden en la vida real.

Llegamos al final de nuestra charla esotérica. Nuestros amigos se quedaron trabajando... Todo es compañerismo y entusiasmo. ¿Será que alguna entidad espiritual los cobija?

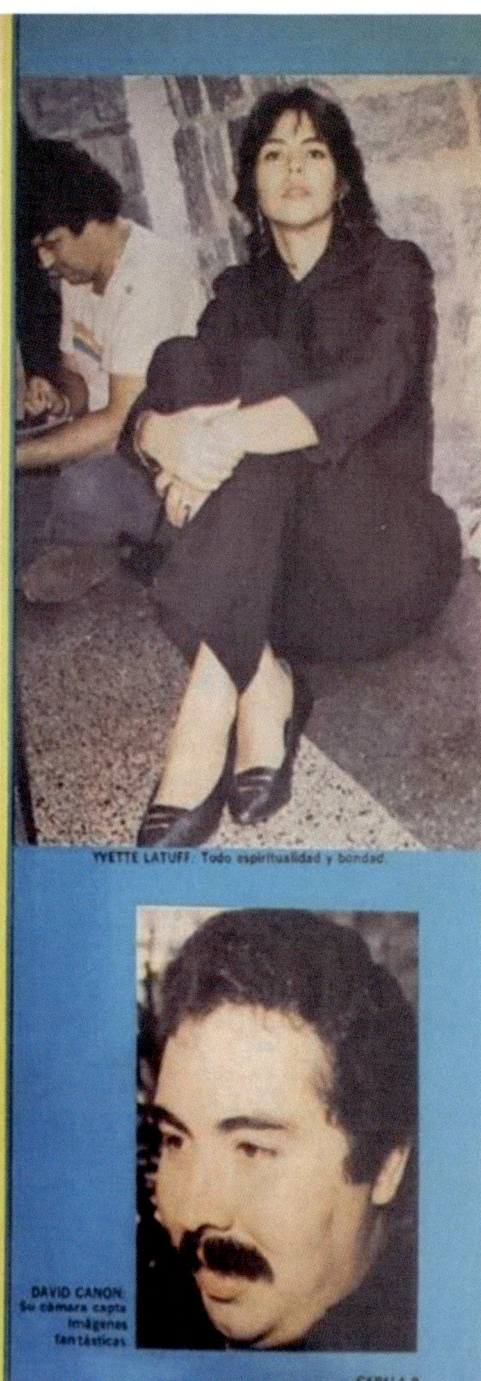

YVETTE LATUFF: Todo espiritualidad y bondad.

DAVID CANON: Su cámara capta imágenes tantásticas

CABALA 9

126

LOS MEJORES PROGRAMAS DE LA SEMANA

4

Con los dedos de una mano pueden seleccionarse los mejores espacios de la televisión de esta semana que termina.
1.- JOSELO
2.- LA MUJER SIN ROS-TRO
3.- MAS ALLA DE LA COMPRENSION
4.- BIENVENIDOS
5.- Y sobra un dedo para dibujar en el aire un signo de interrogación.

...tices agudos, de carácte...

sketches. A dar ese mensaje tan difícil que es conjugar el humor sano (humor por humor), el humor negro y la parodia lograda con el acierto absoluto de su rostro y sus movimientos.

Ayudado por muy buenos libretos y por un conjunto de artistas, todos dentro de una estructura formidable en la comicidad, sus sketches tienen un resultado que logra atrapar al público. Carusí, donde el artista...

"Más Allá de la Comprensión" se posicionó como el tercer mejor programa de aquella semana, sitial que mantuvo durante todas las semanas de su transmisión, suficiente como para que el sindicato le enfilara los cañones.

Anunció Camarillo
Protestado por el Sindicato "Más Allá de la Comprensión"

Observaron ilegalidades que obligan a suspenderlo; esta noche puede ser emisión final

Raúl Vallejo

El Sindicato de Radio y Televisión protestará el programa "Más allá de la Comprensión" y pedirá su eliminación mientras Robert Alonso funge como productor y director sin estar autorizado legalmente para esas labores.

La información la suministró Jorge Camarillo, Secretario General del gremio de los artistas, quien ha venido realizando una serie de conversaciones en torno al espacio transmitido por el Canal 8 los domingos en horario para adultos.

Hoy será puesto en antena por última vez, de continuar Alonso acreditándose certificados como director y productor, pues no está inscrito como tal en el Sindicato. Tampoco ha realizado en Caracas los cursos que lo avalen, por lo que la asociación no puede permitir que siga usurpando funciones.

Mañana será presentada oficialmente la queja ante la Presidencia y Gerencia General de VTV, quienes deberán resolver la situación de dos maneras: eliminando definitivamente el espacio, o firmando contrato con personas que estén debidamente facultadas para la labor. Esto es, desde el punto de vista legal.

Un programa polémico

Desde que fue puesto en el aire ha despertado numerosos comentarios. En principio choca al televidente el afán desmedido de presentar hechos sangrientos.

Debemos aclarar que Neyda Plessman y Rafael García Flores, mode-radores del espacio, no son los responsables de esa draculomanía: en cada uno de las emisiones se ha hecho evidente un deseo de llamar la atención mediante sensacionalismo y amarillismo, presentando situaciones como el caso de la muerte de un ciudadano atacado por perros Doberman. En ese episodio la sangre brotaba a borbotones como si un hombre tuviera 30 litros de ese líquido y no los seis o siete que normalmente hay en el cuerpo humano.

Hay muchos aspectos que pudieran ponerlo en entredicho. Inclusive, en cierta oportunidad el periodista de "El Nacional" asistió a un meeting de VTV en el que analizaron uno de los capítulos que iría al aire: Alvaro Vilacha tuvo que hacer varias observaciones para autorizarlo porque era menester suavizarlo en lo posible.

Independientemente de esa predilección por los hechos escandalosos y de dudable certificación científica (jamás hemos visto en el programa que se cita algún de los casos analizados por el S.J. González Quevedo, autoridad en la materia), hay otras razones de peso para pedir su suspensión.

Trabajo ilegal

Jorge Camarillo aceptó que hay una serie de hechos que obligan a intervenir.

En primer término el hecho de que Alonso no es Director ni Productor, aunque desempeñe tal tarea. En otros términos, está "pirateando" al ejercer ilegalmente una profesión; y no se cuestiona la habilidad que pudiera tener para hacerlo.

También se ha observado la contratación de personal que ha trabajado profesionalmente sin haber hecho cursos ni estar inscritos en el Sindicato de Radio y Televisión. Al margen de esa irregularidad, no se paga a las personas que intervienen, salvo a Neyda y García Flores, contratados verbal-mente por Alonso por un sueldo mensual de quince mil bolívares cada uno.

"Se atenta contra diferentes cláusulas del Contrato Colectivo vigente de los trabajadores, por lo que pediremos su eliminación o que regularicen la situación", expresó el dirigente.

Al margen, hay otro hecho grave que está siendo investigado porque se presume que ha habido manejos turbios que colinden con la palanca o payola porque se ha visto publicidad indirecta a los hoteles Savoy y Selva Negra.

VTV contrató a la productora de Robert Alonso por la cantidad de cien mil bolívares mensuales por la realización del cuestionado show. Supuestamente debería entregar el material completamente acabado, pero debido a que no cuenta con todos los recursos técnicos, en algunas oportunidades han tenido que usar los aparatos de VTV para insertar leyendas con el generador de caracteres; asimismo, han editado en la planta, lo cual significa utilización de personal y equipo de VTV que no es reducido de los cien mil bolívares.

Como dato curioso, ya que citamos el aspecto técnico, en emisiones pasadas la presentación estaba completamente saturada de verde: esa contaminación, que hacía lucir a Neyda y García Flores como fantasmagóricos moderadores de un programa marciano, se debió a una falla de la cual tuvo conocimiento el productor, quien procedió a llevarlo a la planta a sabiendas de que tenía esa anomalía. Fue transmitido con esa deficiencia, lo cual está más allá de toda comprensión.

Por otra parte, en el contrato hay una cláusula que establece la libertad de VTV de sacarlo del aire cuando lo estime conveniente. Queda ahora aguardar por la decisión de los directivos, aunque de hecho podemos anticipar que difícilmente será realizado por el mismo equipo que ha venido haciéndolo hasta la fecha.

Asegura su productor Robert Alonso

"Más Allá de la Comprensión" Está Dentro de la Legalidad Sindical

* **En la actualidad el productor confronta problemas de dinero con los presentadores.**

Por Elba Guillén

El programa "Más allá de la comprensión" al parecer está teniendo problemas incluso a nivel interno ya que los presentadores del espacio han exigido al productor Robert Alonso aumento de 20 mil bolívares cada uno por considerar que las ganancias en el costo del programa y por inversión de equipos no es superior a los costos calculados por el productor.

Conversamos con Robert Alonso al respecto y nos dice...

"Quisiera aclarar que la información que tiene Camarillo acerca de que no estoy inscrito en el Sindicato es falsa. Fui al Sindicato y consta en archivos que yo cancelé cuotas atrasadas. No sé de dónde salió esa información errada, aunque me informaron en el Sindicato que Neyda y García Flores habían visitado el pasado miércoles el Sindicato".

—¿Por qué confronta problemas con la pareja?

"Por cuestiones de dinero. Incluso participé que si seguían los problemas estaba dispuesto a rescindir el contrato, pero me pidieron que me aguantara. Ya es imposible aclarar más, lo que sé es que el costo del programa fue calculado por la empresa de Gilberto Correa en 250 mil bolívares mensuales realizándolo con más efectos para ser exportado, y eso lo sabe Neyda, no entiendo por qué el empeño de que yo gano más de lo que les pago a ellos".

—¿Por qué ese compromiso con ellos?

"Porque me llevaron al canal, y tengo entendido que según García Flores, él me puede sacar de VTV cuando se lo proponga, por sus influencias. Yo sigo trabajando porque mi pasión es la TV, pero me lo han hecho difícil".

—¿Ciertamente usted gana más de lo que les paga a ellos?

"Ganan 15 mil bolívares por presentarlo semanalmente. Yo gano igual, y calcule el costo

Robert Alonso productor del programa "Más Allá de la Comprensión".

del espacio en 10 mil bolívares asumiendo yo si el costo es mayor, y fíate que tengo trabajando tres meses en el programa, he cobrado uno sólo y se me dañó una cámara y más tardaba en comprar el tubo que comprar otra y gasté 30 mil bolívares".

—¿Qué hay de cierto en el palangre?

"En ninguno de los espacios donde salieron los nombres de los Hoteles se habló de las bondades de cada uno, sólo se utilizaron como marco de referencia".

—¿Y el problema del sindicato?

"Llegamos a un acuerdo y a partir de Agosto se harán las cosas de acuerdo a las exigencias del Sindicato".

Robert Alonso:

"Más Allá de la Comprensión" sólo pretende entretener

A todas éstas, el sindicato insistía en que "Más Allá de la Comprensión" no aportaba beneficio alguno a la teleaudiencia, un argumento neta y totalmente "sindicalero". Así se fue destruyendo a Venezuela a todos los niveles. El gobierno, por su parte, incrementaba las regulaciones con la única intención de fomentar la corrupción.

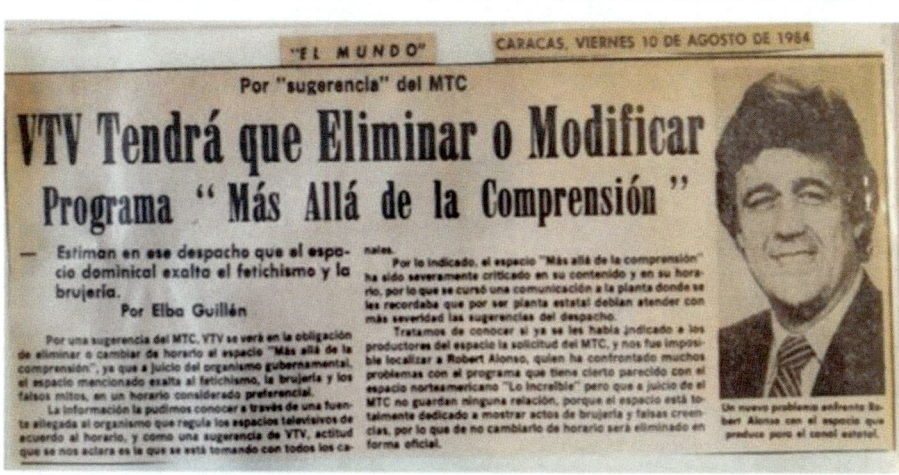

Con el único fin del "martilleo", el sindicato conminó al canal a modificar el formato de "Más Allá de la Comprensión". "¡Lo Increíble!", un programa de RCTV (producido por mí), jamás sufrió de tales ataques. En RCTV sacábamos los mismos brujos, pero entonces el sindicato no lo consideraba "dañino", cuando Venezuela era y es un país de "brujos", especialmente en mayoritaria audiencia de VTV, cuya señal llegaba a todos los rincones intrincados del país. Era una manera de buscarle la vuelta para beneficio de los sindicalistas: ¡no del sindicato ni de la teleaudiencia!"

El propio canal del Estado estaba "despertando" y comenzando a producir y no le dieron oportunidad a convertirse en una televisora competitiva y productiva. Así ya era aquella Venezuela, mucho antes de que Chávez pensara llegar a Miraflores. Los venezolanos dejaron que les labraran su propio futuro. Así era con todo. Un país destruido por sus propios hijos. Era solamente cuestión de tiempo hasta que a los venezolanos les "llegara la noche".

En aquellos tiempos, las noticias que más centimetraje lograban eran los escándalos políticos y de farándula. No se hablaba mucho de la falta de agua, luz, gas, comida y medicinas, aunque de cuando en cuando había escasez. El problema del agua era cotidiano, incluso en Caracas. La desidia era generalizada a todos los niveles del país. A veces había escasez de azúcar y de otros insumos; lo que sucede era que los venezolanos tienen una memoria muy corta. Todos esos "desastres" fueron creando el caldo de cultivo para que llegara el sátrapa de Barinas a Miraflores y le entregara Venezuela a los Castro.

El sistema judicial era un verdadero desastre. Muchos jueces se vendían al mejor postor. Los gestores hacían sus agostos "gestionando" permisos, licencias de manejar… certificados médicos: ¿o es que ya nos hemos olvidado?

Durante muchos años, para salir del país había que mostrar la solvencia de los impuestos sobre la renta: ¡cuando nadie pagaba impuestos! La mafia de los "gestores" para conseguir aquel papelito amarillo que demostraba que uno no le debía algo al fisco, estaba instalada en las oficinas del organismo recaudador de impuestos. Me consta, porque yo mismo fui "cliente" de esa mafia: ¿y quién no? ¡Todo era una risa! Venezuela era una caricatura de país.

Mi padre, QEPD, a sus ochenta años… casi ciego, logró que el Colegio Médico de la Urbanización El Bosque, le renovara su "certificado médico" para poder seguir manejando. De noche no veía un elefante a cuatro metros de distancia. Una de esas noches, saliendo del Caracas Theater Club, atropelló a una infeliz. Fue entonces cuando mi hermano le desconectó los cables del distribuidor de su carro para que no lo utilizara más.

Mi madre, QEPD, con principio de Alzheimer, seguía manejando tranquilamente. A veces nos llamaba para que la fuéramos a rescatar, porque no sabía dónde estaba. ¿No se acuerdan de "eso"? Luego muchos se preguntan cómo se perdió Venezuela.

Concierto en El Junquito

Mi paso por el Retén Judicial de El Junquito es un ejemplo de la Venezuela "pre-Chávez". Un ejemplo de cómo funcionaba, DESDE ENTONCES, el poder judicial en ese país. Me dictaron auto de detención sin ningún basamento jurídico, solamente porque quien estaba interesado en perjudicarme, tenía conexiones con un importante y poderosísimo bufete jurídico, el Bufete de David Morales Bellos, conocido en toda Venezuela como "El Capo de La Tribu". Si eso sucedió con una "familia mediática", como la mía: ¿qué podría esperar el venezolano común… el venezolano "de a pie"? Por eso, en parte: ¡se perdió Venezuela!

Mi odisea jurídica, afortunadamente, duró poco y pude resolver el problema en tiempo record. Sin embargo, 15 años después de aquellos eventos, conocí a un individuo y cuando escuchó mi nombre me preguntó si yo no era el hermano de María Conchita, el que estuvo preso POR ESTAFA. ¿Se imaginan el daño moral, personal y familiar?

Venezuela, desde hacía décadas, se convirtió en una "industria de criminales". La educación en los estratos sociales más deprimidos (salvo excepciones muy puntuales y personales) era, prácticamente, inexistente. La brecha socioeconómica era atroz. Caracas, la ciudad capital de uno de los países más privilegiados de la Creación, estaba rodeada por un "Cinturón de Miseria", con más de un millón de excluidos: ¡de marginales! ¿Qué esperaban los venezolanos? En la imagen de abajo muestro un sector minúsculo de esa gran "industria de criminales".

En muchas oportunidades visité esos ranchos, no en función de proselitismo político, pues no era político. Acompañé, varias veces, al caporal de nuestra "Finca Daktari" al INFRAHUMANO barrio de Caucagüita y pude palpar de cerca la miseria humana en la que vivían miles de venezolanos. Era cuestión de tiempo para que Venezuela se perdiera en las garras de un sistema populista: ¡como en efecto sucedió!

Barrios populosos donde no existían cloacas ni agua corriente… y en muchos casos: ¡ni electricidad! Desde donde se podía observar a una metrópolis moderna, repleta de edificios impresionantes, como en el que vivía mi amigo, compadre y socio, Antonio José Cisneros Rendiles, en Altamira Norte.

Edificio donde vivían "Tony" y "Becky"

La impresionante diferencia de clases era extremada y peligrosamente palpable y notable, lo que alimentaba el resentimiento social.

La mejor cárcel de Venezuela era el Retén de El Junquito, dividida en dos sectores. El "sector del perraje" y el "sector de los "criminales de cuello blanco", donde me tocó convivir durante el lapso de ocho días... suficiente como para cambiar mi percepción con respecto a la realidad venezolana, porque uno se acostumbra a ver el "cinturón de miseria", sin – siquiera – preguntarse cómo viven esos seres humanos en esos ranchos que, en cierta manera, conformaban el "paisaje" natural de Caracas: ¡ni hablar del interior del país!

La foto que incluyo debajo de estas líneas fue tomada en la "sección del perraje" de la MEJOR PRISIÓN DE VENEZUELA. Ya se pueden imaginar cómo eran y son las peores.

En las celdas, incluyendo en el sector de "los privilegiados", no había acceso a la electricidad, pero todos los internos se robaban la luz, como se la roban en todas las prisiones en Venezuela, bajo el conocimiento de los mismos directores y funcionarios. La salubridad era (¡y es!) precaria, cuando se supone que las cárceles deben ser entidades de re-educación de aquellos que han delinquido.

En la imagen de arriba vemos cómo los internos de las prisiones venezolanas se roban "olímpica" y descaradamente la electricidad a la vista de todos: ¡sin el mayor recato! Una especie de "resuélvanse quienes puedan!" Esta sola irregularidad fomenta el desorden: ¡el crimen! Cosas como aquellas, motivaron en mí muchas interrogantes. Era un mundo imaginado. Jamás me había pasado por la mente que algo así existiera. En cierto modo, mi "pasantía" por la "MEJOR PRISIÓN DE VENEZUELA", me abrió un universo nuevo, sensibilizándome en un área de la sociedad que jamás pensé que existía.

Los internos de la "MEJOR PRISIÓN DE VENEZUELA", en su inmensa mayoría, eran individuos que procedían de la "crápula social"; de aquellos marginados por la sociedad, sin acceso a una educación adecuada. Eran "criminales genéticos", que en el fondo hubieran sido "recuperables". En eso llegó Chávez para terminar de destruir al país en lugar de reconstruirlo, como muy bien hubiera podido haber hecho.

¿Cómo resolver el problema? A veces me pregunto si es posible. Recuerdo que en la época del ex presidente Reagan, en EE.UU., se hablaba de unas bombas de neutrones, llamadas las "solo-mata-gentes". ¿No sería bueno bombardear con neutrón a toda la población venezolana para comenzar desde cero?

La bomba de neutrones, también llamada bomba N, eran bombas de radiación directa incrementada o bombas de radiación forzada. Un arma nuclear derivada de la bomba H que Estados Unidos comenzó a desplegar a finales de los años 70. En las bombas H, normalmente el 50% de la energía liberada se obtiene por fisión nuclear y el otro 50% por fusión. En la bomba de neutrones se consigue hacer bajar el porcentaje de energía obtenida por fisión nuclear a menos del 50%, e incluso se ha llegado a hacerlo cerca del 5%. De las radiaciones que se producen en el instante de la explosión, la que aquí nos atañe es la de neutrones. Una gran cantidad de estas partículas son emitidas con niveles energéticos muy altos y, por tanto, con gran capacidad de penetración.

La bomba de neutrones tiene la "bondad" de eliminar las vidas humanas, dejando intacta la infraestructura. Hay quienes aseguran que habría que inventar una para eliminar "los ranchitos" de los "cinturones de pobreza" de todas y cada una de las ciudades y pueblos de Venezuela. ¿No sería mejor comenzar por una mejor educación?

¿Cómo se va a resolver el TERRIBLE problema social, que no económico, venezolano? ¡Vayan Uds. a saber!

En medio de aquel drama de mi "pasantía" por El Junquito, organicé un concierto con mi hermana. Fue, por supuesto: "pan pa'hoy y hambre pa'mañana". Los internos disfrutaron de las horas que duró el evento y después regresaron a sus pabellones, a continuar la sub-vida existencial.

Muchos, incluso, pensaron que María Conchita les iba a resolver sus casos. Que iba a agilizar sus traslados a los tribunales; que los "colchoneros" dejarían de dormir en el suelo. Sin proponérnoslo, les elevamos las esperanzas a los presos para que luego de despertar se dieran cuenta de que nada había cambiado y que nada cambiaría. ¡Entonces llegó Chávez! Chávez fue, en cierta forma, la María Conchita de su momento. ¡Hoy están todos peores!

y también para un público curioso del mundo exterior que plenó las azoteas de los edificios adyacentes, techos y cerros para ver un show de por sí insólito ya que, por primera vez, se acercaba esta cantante a un auditorio marginal. Por supuesto, el resultado fue positivo y el frenesí total, sin embargo, esa fantasía duró poco, ya que la población penal volvió pronto a su realidad y penurias diarias, pero con ciertas esperanzas, ya que la estrella prometió la creación de un movimiento pro defensa del procesado penal.

MUCHA EMOCION Y CARIÑO

Con pista y con un conjunto de música criolla la artista cantó sus canciones más conocidas, como "La Loca", "Noche de Copas", "Dame un pequito de tu amor". Al día siguiente la famosa cantante regresó a tierras lejanas, donde está residenciada, para cumplir compromisos internacionales.

ENLOQUECIÓ A LOS PRESOS!

Por Luis Gandica
Fotos Rita Castro

A veces, con la mejor intención del mundo, uno quiere "hacer una gracia" y termina: ¡"haciendo una morisqueta"! Como ya he explicado arriba, al cobrarle a Venevisión con sanitarios (con "pocetas"), quisimos hacer una "gracia" y nos salió un soberana "morisqueta". El mejor penal de Venezuela terminó en peores condiciones que antes. Los únicos beneficiados fueron aquellos a quienes les regalé el sobrante de las unidades enviada por Venevisión.

Esa experiencia se puede extrapolar en el caso de los presos políticos del régimen de los Castro en Venezuela, a cargo de Nicolás Maduro Moros. Mientras más se abogue por ellos: ¡peor para ellos! Mientras más se denuncie las atrocidades del actual régimen genocida: ¡peor para la libertad de Venezuela! Mientras más se muestren los crímenes de la tiranía actual venezolano-cubana: ¡peor para los propios venezolanos!

Al mundo, sobre todo al llamado "Primer Mundo", no lo conmueven las muertes, las torturas y las violaciones humanas que diariamente se cometen en Venezuela. Propagar las atrocidades del régimen solamente logra promover el terror. Esperanzar al pueblo venezolano en cuanto a una "posible" intervención militar estadounidense, tal vez lo único que logre es una gran desilusión. Es una especie de líbreto de "¡Lo Increíble!" o de "Más Allá de la Comprensión! ¡Puras falsedades! Pero está probado que al pueblo de Venezuela le gusta que le echen cuentos y le metan embustes. Aquellos políticos de la "oposición" que quieren tener "rating": ¡que inventen!

Por meter "cuentos-chinos" en mis programas, fui atacado por el sindicato de radio y televisión. ¿Quién ataca a los malsanos políticos de "la oposición" por hacer lo mismo? ¡Nadie! Es más, no solamente no los atacan: ¡los apoyan! Ahí tenemos a Juan Guaidó, reconocido por más de 50 países del mundo y, sobre todo: ¡por la Casa Blanca!

Hay que saber meter cuentos desde "el lado correcto de la historia".

Así continuaron nuestras vidas. El tiempo, malamente, borró en nuestra familia la odisea de la acusación de estafa doble y agravada, pero las cicatrices quedaron, como han quedado en aquellos internos de aquellas cárceles que visitamos en Caracas y en Guanare. En cualquier momento esas cicatrices florecen e intentan cobrar un "justo precio". En nuestro caso no fue "tan traumático", pero en el caso de muchos internos, sobre todos aquellos que resultaron ser inocentes y que luego de años de procesos jurídicos fueron absueltos, la historia pudo haber sido distinta.

Cuentan que una vez se presentó ante Juan Vicente Gómez la esposa de un preso político que jamás fue enemigo de "El Benemérito". Llevaba ya cinco años preso en la Rotonda. Gómez le aseguró a la esposa que investigaría el caso y le recomendó que regresara en una semana. A su regreso, JVG le dijo: *es cierto... su esposo no era enemigo mío, pero ya no lo puedo soltar porque ahora, luego de cinco años injustamente preso: ¡es mi enemigo!"*

Guanare

Entonces Juan Pablo II anunció su visita a Venezuela. Para la inmensa mayoría de los venezolanos vendría el representante de Dios en la Tierra: ¡palabras mayores!

Ya nos habían anunciado que el papa no tenía entre sus planes visitar la "capital espiritual" del país, donde se asegura que un cacique, llamado "Coromoto" se le apareció la Virgen María. Si a algún lado tenía que haber ido el Papa en Venezuela, según mi hermana y yo: ¡era a Guanare! Pero el Papa no fue.

En enero de 1998, Juan Pablo II decidió legitimar al mayor ateo y genocida de América: Fidel Castro. Visitó Cuba, pero, así como no "visitó" a la Virgen de Coromoto en Venezuela: ¡no visitó a los presos políticos cubanos! No estaba en el libreto: ¡en la agenda del Santo Padre!

¿Qué se logró con la visita de Juan Pablo II a Venezuela? Los venezolanos, de corta memoria, no recuerdan aquella caricatura en la que se dijo: "se fue el papa... ¡y no hay papa!"

Apenas llegó Fidel Castro al poder en Cuba, eliminó la Nochebuena y las Navidades. Lo único que logró Juan Pablo II con su visita a Cuba fue que Castro les permitiera a los católicos celebrar, abiertamente, la natalidad de Cristo. ¿Y que logró con sus dos visitas a Venezuela?

Juan Pablo II no visitó la ermita de la Virgen de Coromoto en Guanare, alegando que el papamóvil no podía recorrer las calles de ese pueblo. No sabemos cuál fue la excusa para no visitar algunas de las cientos de prisiones políticas cubanas, que mucha falta les hubieran hecho a los que allí se encontraban privados, injustamente de su libertad: por soñar con una Cuba libre.

Como hubiera dicho "Chivo Negro": ¡así son las cosas!

Shoko Sato

En cuanto a la traumática experiencia acumulada en el gimnasio de kárate del afamado Shoko Sato, no duró mucho. Tengo los pies más planos del "universo sideral" y no soportaba caminar descalzo sobre el tatami de madera de la academia de artes marciales del nipón. Era todo una tortura china… ¡o japonesa!

Torneos infantiles de Judo en Cienfuegos

En el Colegio de los Hermanos Maristas de Cienfuegos, donde la actividad deportiva se multiplica por cursos, están en estos momentos en plenas contiendas infantiles de Judo. Los "pequeños" maristas cienfuegueros se encuentran bajo la enseñanza del profesor Luis Guardia, Segundo Dan y Miembro de la Asociación Nacional de Judo de Cuba, quien confía anotarse grandes éxitos en próximos torneos colegiales de Las Villas.

Había hecho judo en mi Cuba natal y con eso siempre me bastó para defenderme de mis "enemigos". Además, Shoko Sato nos ponía a correr demasiados minutos antes de comenzar las sesiones y no hay nada en este mundo que

detestе más que correr. Como si correr fuese poco, el sensei nos ponía a darle golpes a una tabla forrada con mecates, llamada "makiwara", que me ampollaba los nudillos de las manos y, de paso, nos hacía practicar con un par de palos atados a una soga, llamado "nunchakus", con los que vivía dándome golpes en la cabeza. Decidí dejar las clases de kárate y me compré un revolver calibre .38

El problema radicaba en qué hacer con los kimonos que me había comprado. Así que se me ocurrió disfrazar de karatekas a mis dos abuelos, Don Alonso y Doña Carmelina, QEPD, de 93 y 83 años, respectivamente, para llevarle la foto "al chino" y advertirle que desde ese día en adelante, mis abuelos me reemplazarían en su academia. Shoko Sato no lo podía creer.

En cuanto a justificar mi deserción frente a mi suegro, fue un capítulo aparte. Estoy seguro que desde ese día me puso la cruz, pensando que el futuro esposo de su única hija era un "niñito bitongo", que era como se les decía en Cuba a los "hijos de mamá".

Mis suegros y "Siomi", por cierto eran cubanos, aunque de La Habana: ¡nadie es perfecto!

137

Baduel El Marxista

La 'obra' de Dieterich

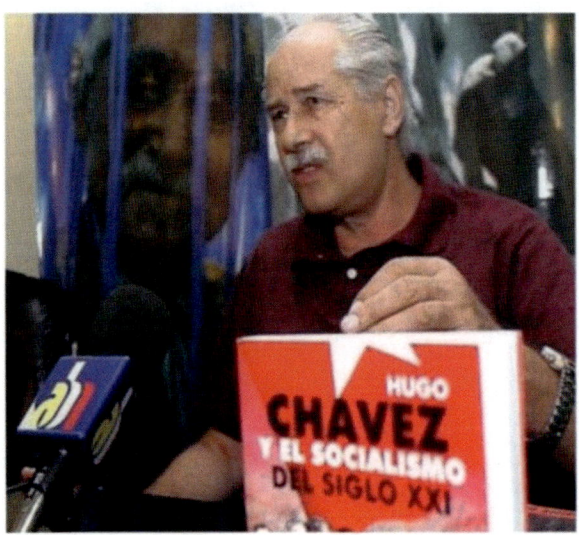

El comunista Heinz Dieterich nació en 1943 en Alemania y se estableció en México. En la Universidad Autónoma Metropolitana de Ciudad México, le dieron una plaza como profesor de sociología y metodología. Fue asesor de Hugo Chávez y creador del titulo 'Socialismo del Siglo XXI', un nuevo estilo de comunismo, según él. Al final, Dieterich rompió totalmente con Chávez, alegando que era un bochinchero sin disciplina alguna que había desvirtuado su visión de ese nuevo socialismo.

Fue muy amigo del General (en jefe) Raúl Isaías Baduel, quien - se dice - llegó a compartir sus impresiones sobre el relajo ideológico y mental que mostraba Chávez en relación a los postulados del alemán-mexicano Dieterich. Para muchos, Baduel rompe con Chávez y se coloca del lado de Dieterich, lo que lo llevó a prisión. De hecho, en el prólogo que hiciera Baduel, a propósito de la segunda edición del libro del Heinz, advierte: '...*debemos inventar el socialismo del siglo XXI sí, pero no de manera desordenada y caótica, sino valiéndonos de las herramientas y el marco de referencia que nos da la ciencia*'.

Tanto Dieterich como Baduel presionaron a Chávez para que 'adelantara' el comunismo en Venezuela. Lo mismo se dijo de los Hnos. Castro, razón - entre otras - por las que al 'Comandante' lo hicieran 'eterno'. Baduel, como su amigo Heinz, aupaban a Chávez para que acelerara ese proceso hacia el comunismo más rancio, como lo delata unas de las apreciaciones que 'El General en Jefe' plasma en su prólogo: '*No basta con la abolición de la propiedad privada de los medios de producción, ni con la planificación centralizada, ni con la reducción de la brecha de la diferencia de ingresos entre la población. Estos fueron logros objetivos de países comunistas, como la extinta URSS*'.

Extractos del prólogo

Cuando mi amigo Heinz Dietrich me realizó la amable invitación de prolongar una nueva y aumentada edición de su ya reconocida obra 'Hugo Chávez y el Socialismo del siglo XXI', una combinación de sentimientos me abordaron. Primero, el gran honor que siento al hacerlo, ya que *reconozco en esta obra una grandísima contribución a la construcción de la teoría de la nueva sociedad no capitalista*.

****

Ante el llamado del Presidente Chavez a 'inventar el socialismo del siglo XXI', en especial un modelo rico, propio y *adaptado a nuestra realidad y entorno*, pensé que muchos de nuestros compatriotas acudirían al llamado, ya que si algo ha caracterizado a la izquierda venezolana es su profusión de intelectuales, muy bien formados por cierto.

****

Debemos 'inventar' el socialismo del siglo XXI sí, pero *no de manera desordenada y caótica*, sino valiéndonos de las herramientas y el marco de referencia que nos da la ciencia.

****

Cuando afirmo que ese fue el sentido original de las palabras del presidente Chávez en la ocasión de llamar a 'inventar el socialismo del siglo XXI', también lo hago tomando en cuenta que, en Aló Presidente del 27 de marzo de 2005, el presidente indicó (hecho este citado por Heinz en su Introducción), que *el Socialismo de Venezuela se construiría en concordancia con las ideas originales de Carlos Marx y Federico Engels*.

****

Señala el autor que hace *falta trascender ya la fase de crítica del capitalismo global* y avanzar en la construcción del programa de le economía socialista.

****

Es por ello que acertadamente Heinz, que aunque la teoría de Marx y Engles revela magistralmente el misterio de *la explotación capitalista*, al punto de elevar a estos dos hombres a la categoría de científicos como Darwin y Newton, se quedó corta al proponer la forma de construir el sistema post capitalista. Marx y Engels no dejaron elaborado el modelo de economía socialista.

****

No basta con la abolición de la propiedad privada de los medios de producción, ni con la planificación centralizada, ni con la reducción de la brecha de la diferencia de ingresos entre la población. *Estos fueron logros objetivos de países comunistas*, como la extinta URSS.

****

Debe entonces imperiosamente, *adaptarse rápidamente nuestro sistema educativo a estas urgentes necesidades*, ya que como bien lo señala Heinz, sin ciencia no puede construirse el socialismo.

****

Dónde están los cientos, quizás miles de matemáticos, estadísticos, economistas, ingenieros en sistemas, programadores, técnicos en redes, expertos en informática y sistemas de información, *comprometidos con la ideología socialista y con el cambio a un sistema diferente al capitalista*, que formarán el equipo de planeación central que tendrá la formidable y enorme misión de sustituir nada más y nada menos que al mercado y a los empresarios?

****

Espero que estas palabras hayan abierto aún más el apetito de todos aquellos ávidos lectores que por vez primera tienen esta obra en sus manos y de aquellos que como yo, tienen la sana costumbre de releerla de cuando en cuando y reflexionar sobre los retos que sus páginas nos imponen como nación que anhela el triunfo del Nuevo Proyecto Histórico (NPH) y la consolidación del Bloque Regional de Poder (BRP), tema este último en el que *nuestra política exterior ha dado ya grandes avances*.

Raúl Isaías Baduel

Soldado de Infantería Paracaidista

IP-7506 D-043

Índice de Artículos de Prensa

Índice de Cartas y Documentos

Índice de Imágenes

Índice de Personajes

Adolf Hitler, dictador alemàn
Adriana Cisneros Phelps - Hija de Patricia y Gustavo Cisneros
Albertina Rendiles Martìnez - Esposa de Don Diego y madre de Antonio Josè Cisneros
Alberto Amezquita, periodista palangrista venezolano
Alberto Arrieta, abogado de Rafael Garcìa Flores y Neyda Plessman
Alberto Chacòn, camarògrafo de Producciones Robert Alonso
Alfredo Sthory Ovalles, juez penal que decidiò el caso de Robert Alonso en primera instancia
Alì Khan, locutor de "Monitor Hìpico" de VTV
Alì Rodrìguez Araque, exguerrillero venezolano, cuñado de Juan Garantòn
Àlvarez Amengual, juez superior que decidiò - definitivamente - el caso de Robert Alonso
Ana Cisneros Rendiles - Hermana de Antonio Josè e hija de Don Diego Cisneros
Anastasio Somoza - Dictador de Nicaragua
Andrès Cisneros Phelps - Hijo de Patricia y Gustavo Cisneros
Andrès Salcedo, famoso comentarista colombiano de fùtbol
Anibal Armas, productor de VTV fallecido de SIDA, hijo del Coronel Ramòn Armas Pèrez
Anibal Longart, ex esposo de Neyda Plessman
Antonio Jimènez de Cisneros y Bermudez - Hermano de Don Diego Cisneros
Antonio Josè "Tony" Cisneros Rendiles - Socio y compadre de Robert Alonso
Antonio Ledezma, polìtico venezolano
Armando Alonso Garcìa, tìo de Robert Alonso
Armando Blart, ex amante de Neyda Plessman
Armando Scannone, chef venezolano famoso por su libro de cocina
Arnaldo Ochoa, general cubano fusilado por Fidel Castro, hèroe de la Guerra de Angola
Arturo Uslar Pietri - Intelectual y polìtico venezolano
Augusto Pinochet, dictador chileno
Aura Estela Latuff, periodista de la Revista Càbala
Aura Marina Colmenares, secretaria en el CADA de Antonio Josè Cisneros Rendiles

Aureliano Sànchez Arango, ministro cubano durante el gobierno de Carlos Prìo Socarràs

Blanca - "Blanquita" - Ibañez, amante del presidente Jaime Lusinchi, con quien luego se casarìa

Carlitos Gonzàlez, comentarista deportivo de RCTV

Carlos Alberto Alonso Etcheverry, hijo de Siomara y Robert Alonso

Carlos Andrès Pèrez - Presidente de Venezuela

Carlos Enrique Cisneros Rendiles - Hermano de Antonio Josè e hijo de Don Diego Cisneros

Carlos Quintero Florido, general venezolano jefe del estado mayor en 1982

Carlos Saco, productor argentino del programa "Fantàstico" de RCTV, hijo de Oscar Saco

Carmelina Garcìa de Alonso, abuela de Robert Alonso

Carmen Rendiles Martìnez, religiosa tìa de Antonio Josè Cisneros

Carolina Cisneros Phelps - Hija de Patricia y Gustavo Cisneros

Cèsar Maldonado, ex esposo de Neyda Plessman

Chelique Sarabia, ex amante de Neyda Plessman

Chony Fuentes, actriz venezolana

Christian Roux, jefe de relaciones pùblicas de la CBS

Conchita Bustillo, madre de Robert Alonso

David Cano, camarògrafo de "Más Allá de la Comprensión"

David Morales Bello, polìtico y abogado venezolano, jefe de la mafia jurìdica "La Tribu"

David Rockefeller - Socio de los Cisneros en los Automercados CADA

Delia Roldàn Lòpez, jueza accidental (suplente) que tomò el caso contra Robert Alonso

Diana D'Agostino, esposa del polìtico venezolano Henry Ramos Allup

Diego Alberto Cisneros Rendiles - Hermano de Antonio Josè e hijo de Don Diego Cisneros

Diego Armando Maradona, jugador de fùtbol para el equipo de Argentina

Diego Arria Salicetti, polìtico y diplomàtico venezolano, ex candidato presidencial y ministro

Diego de Jesùs Jimènez de Cisneros y Bermudez - Fundador del "Clan Cisneros"

Diego Jimènez de Cisneros y Bogavantes - Padre cubano de Don Diego Cisneros

Dora Margarita D'Agostino de Larez - Esposa de Eladio Larez

Dunia Farìa, directora de prisiones de Venezuela

Ed Wood, productor de cine estadounidense

Edith Hernàndez, periodista venezolana

El Gran Fakir de Puerto Cabello, uno de los actores de "¡Lo Increìble!"

El Padre de la Casa Grande, uno de los actores de "¡Lo Increìble!"

Eladio Larez - Productor de RCTV

Elba Guillèn, periodista venezolana de faràndula

Elio Garcìa Barrios, general venezolano presidente de la Corte Macial y agente de Fidel Castro

Elio Nabas, uno de los actores de "¡Lo Increìble!" y jefe de seguridad de "Producciones Robert Alonso"

Enrique Guzmàn, ex amante de Neyda Plessman

Enrique R, ex esposo de Neyda Plessman

Felipe González, presidente de España y uno de los cuatro miembros de la "Cofradìa de Castro"

Fernando Cisneros Raue, hijo de Rebeca y Antonio Josè Cisneros

Fernando Valdez, asistente de Antonio Josè Cisneros en los CADA de Oriente

Fidel Castro - Dictador cubano

Francisco "Pancho" Rendiles - Hermano de Albertina y tìo de Antonio Josè Cisneros

Francisco Franco, dictador español

Freddy Lugo, uno de los indiciados en la voladura del aviòn de Cubana de Aviaciòn en 1976

Fulgencio Batista, dictador cubano

Fusao Enomoto, chef japonès fundador del "Àvila Tei" de Caracas y del "Sushi Chef" de Miami

George Hamilton, ex amante de Neyda Plessman

George Patton, general estadounidense durante la II Guerra Mundial

Gèrard de Villiers, autor de la novela francesa "Que la Bete Meure", sobre los parachitos d   Daktari

Gerardo Cisneros Rendiles - Hermano de Antonio Josè e hijo de Don Diego Cisneros

Gladys Castillo de Lusinchi, esposa de Jaime Lusinchi y presidente de La Fundaciòn del Niñ

Gonzalo Garcìa Bustillos, ministro de la secretarìa de Luis Herrera Campins

Guillermo "Fantàstico" Gonzàlez, animador del programa "Fantàstico" de RCTV

Gustavo Cisneros Rendiles - Hermano de Antonio Josè e hijo de Don Diego Cisneros

Gustavo Gil, periodista venezolano de faràndula

Heinz Dieterich - Marxista mexicoalemàn, escritor del libro "Hugo Chàvez y el Socialismo (el Siglo XXI"

Helenio Herrera - "El Mago", "vaca sagrada" del fùtbol mundial

Henry Ramos Allup, polìtico venezolano de Acciòn Democràtica, esposo de Diana D'Agost ıo

Heracilio González Torres, jefe de la red de espìas castristas en Venezuela

Hernàn Ricardo, uno de los indiciados en la voladura del aviòn de Cubana de Aviaciòn en : ›76

Hugo Rafael Chàvez Frìas - Presidente y dictador de Venezuela

Ingrid - contacto de Vinicio Carrera

Jaime Lusinchi - Presidente de Venezuela

Javier Gerardo Cisneros Rendiles - Hermano de Antonio Josè e hijo de Don Diego Cisnero:

Jimmy Carter - Presidente estadounidense

Jofrre Etcheverry Parìs - Padre de Siomara Etcheverry de Alonso

Johnny Davidovitz, esposo de Madeleine Duyos Etcheverry

Johnny Salicetti, piloto de Antonio Josè Cisneros y primo hermano de Diego Arria

Jorge Camarillo, sindicalista venezolano

Jorge Garcìa Carneiro - General venezolano, ministro de la defensa durante la "Masacre de Daktari"

Jorge Maza, padre adoptivo de Fernando Cisneros Rendiles y esposo de Ana Cisneros Rendiles

ESTAFA DOBLE AGRAVADA – ROBERT ALONSO

José Alonso Fernández, abuelo de Robert Alonso

Josè Moros Gonzàlez, fiscal militar del "Caso del Avión Cubano", quien retirò los cargos

Josè Rafael Aliendo - "Peluche" - , asistente de càmara de "Màs Allà de la Comprensiòn"

Juan Cancio Garantòn Nicalai, abogado penalista de la familia Alonso-Bustillo

Juan Lamata, gerente del departamento de producciòn de RCTV

Juan Liscano, poeta y escritor venezolano, hermano de crianza de Rafael Caldera

Juan Pablo II, vicario de Cristo

Juan Vicente Gómez, "El Benemérito", dictador venezolano

Juanita García Peraza, "Mita", lìder religiosa de Puerto Rico

 Leandro Mora, uno de los abogados defensores de los cuatro indiciados por la voladura del avion cubano

 Leopoldo Dìaz Bruzual - "El Bùfalo" - Presidente del Banco Central de Venezuela

 Leopoldo Galtieri, presidente de Argentina

 Lourdes Prieto Martìn, prima hermana de Siomara Etcheverry de Alonso y madrina de Carlos Alberto

 Lubìn Molero, arpista e "interno" (preso) de El Junquito

 Lucas Rincòn - General venezolano, ministro del interior durante la "Masacre de Daktari"

 Lucìa Sanoja, actriz venezolana quien fuera novia de Alberto Chacòn

 Luis Gandica, periodista venezolano de farándula

 Luis Herrera Campins - Presidente de Venezuela

 Luis Muñoz Marìn, procer polìtico de Puerto Rico, ideòlogo del Estado Libre Asociado

 Luis Posada Carriles, uno de los indiciados en la voladura del avìon de Cubana de Aviaciòn en 1976

 Madeleine Duyos Etcheverry de Davidovitz, prima hermana de Siomara Etcheverry de Alonso

 Manuel Juan Carvajal, uno de los principales periodistas venezolano de faràndula

 Manuel Piñeiro Losada - "Barbarroja" - Jefe del Departamento Amèrica de los Castro

 Marco Antonio Muñiz, ex amante de Neyda Plessman

 Marcos Pèrez Jimènez, dictador venezolano

 Margaret Tatcher, primera ministro britànica

 Marìa Carolina Alonso Etcheverry, hija de Siomara y Robert Alonso

 Marìa Conchita Alonso Bustillo, hermana de Robert Alonso

 Marìa Luisa Bermudez Martìnez - Madre venezolana de Don Diego Cisneros

 Mariela Salvatierra, socia de Antonio Josè Cisneros y de Robert Alonso en el Club de Betamax

 Mariòn Cisneros Rendiles - Hermana de Antonio Josè e hija de Don Diego Cisneros

 Maritza Luna Rad, quien le escribiera una nota a Juan Liscano en contra de "Màs Allà de la Comprensiòn"

 Maruja Bustillo, tìa de Robert Alonso

 Miguel Rodrìguez Torres - General venezolano que ejecutò la "Masacre de Daktari" en mayo 2009

 Mireya Moscoso, presidente de Panamà que indultò a Luis Posada Carriles

 Mirlena de Chacòn, esposa de Alberto Chacòn

ESTAFA DOBLE AGRAVADA – ROBERT ALONSO

Nerio Neri Mago, ex presidente de la CANTV, compañero de celda de Robert Alonso en El Junquito
Neyda Plessman, ex miss venezolana, presentadora de "Màs Allà de la Comprensiòn"
Nicolàs Maduro Moros - Presidente y dictador de Venezuela
Nitza Villapol, chef cubana famosa por su libro de cocina
Oliver North, coronel estadounidense involucrado en el escàndalo "Iràn-Contras"
Omar Rubèn Meza Aranguren, "interno" (preso) de El Junquito, escritor de una nota a su padre
Omar Torrijos, presidente de Panamà y uno de los cuatro miembros de la "Cofradìa de Castro"
Orlando Bosch Àvila, uno de los indiciados en la voladura del aviòn de Cubana de Aviaciòn en 1976
Orlando Garcìa, jefe de la seguridad personal de Carlos Andrès Pèrez y doble agente castrista
Oscar Saco, productor argentino del programa "Fantàstico" de RCTV, padre de Carlos Saco
Osmàn Viloria, director general de la "Fundaciòn Nacional de Ciencias y Artes del Cine y la Televisiòn"
Padilla, "interno" (preso) de El Junquito que se dedicaba a asesorar a los presos en materia penal
Patricia - "Patty" - Phelps, esposa de Gustavo Cisneros Rendiles
Paul Mazursky, productor y director de cine estadounidense
Pedro Francisco Lizardo, "El Poeta", presidente de VTV
Pedro Fuentes, preso politico cubano que llegò a Venezuela a travès del Convenio de Reunificaciòn
Pelè, el m`s grande jugador de fùtbol de todos los tiempos
Peter Bottome, alto ejecutivo de RCTV

Rafael Caldera, presidente de Venezuela
Rafael Garcìa Flores, locutor venezolano y presentador de "Màs Allà de la Compresiòn"
Rafael Leonidas Trujillo, Dictador de Repùblica Dominicana
Rafael Trujillo Jr., hijo de Rafael Leonidas Trujillo
Ralph Raue - Chef alemàn del Waldorf Astoria, padre de Rebeca Raue de Cisneros
Ramfis Trujillo, hijo de Rafael Leonidas Trujillo
Ramirito - Delegado de la CIA en Venezuela para desmantelar la red de espìas en 1978
Ramòn Armas Pèrez, coronel fallecido en el atentado a Ròmulo Betancourt
Raùl Emilio Baduel - Hijo del General Raùl Isaìas Baduel

Raùl Isaìas Baduel - General venezolano que ordenò la "Masacre de Daktari" en mayo 2009

Raùl Vallejo, periodista venezolano

Rebeca - "Becky" - Raue Bolìvar de Cisneros, esposa de Antonio Josè Cisneros Rendiles

Rhona Ottolina, hija del locutor y polìtico Renny Ottolina

Ricardo Alonso Bustillo, hermano de Robert Alonso

Ricardo Cisneros Rendiles - Hermano de Antonio Josè e hijo de Don Diego Cisneros

Ricardo Màrquez, periodista venezolanos de medios tribunalicios

Richard Moore, uno de los propietarios principales de WAPA TV en Puerto Rico

Ricky Gaviria, hijo de crianza de Robert Alonso degollado el 9 de mayo de 2004 por Rodrìguez Torres

Robin Williams, actor estadounidense, contraparte de Marìa Conchita en "Moscù en Nueva York"

Ròmulo Betancourt - Presidente de Venezuela

Ròmulo Gallegos, presidente de Venezuela, poeta y escritor

Ronald Reagan, presidente estadounidense

Rosita Ron Martìnez, madre de Neyda Plessman

Sam Arrojo, carnicero cubano establecido en Venezuela, quien tomò el puesto de Antonio Josè

Shoko Sato, sensei karateca japonès

Siomara - "Siomi" - Etcheverry, esposa de Robert Alonso

Sòcrates, jugador de fùtbol para el equipo de Brasil

Teòfilo Vargas - "Aaròn" - sucesor de Juanita Garcìa Peraza en el movimiento de los "Mitas"

Thomas Jefferson, presidente estadounidense

Toñito Gaviria, hijo de crianza de Robert Alonso degollado el 9 de mayo de 2004 por Rodrìguez Torres

Uri Geller, mentalista israelì contratado para encontrar los restos mortales del matrimonio Cisneros

Vinicio Carrera, ministro de comunicaciones de Luis Herrera Campins

William J. Pèrez, vicepresidente de WAPA TV de Puerto Rico

William W Phelps - Fundador de RCTV y padre de Patricia de Cisneros

Yolanda Martìn de Castro, tìa de Siomara Etcheverry de Alonso

Yvette Latuff, jefa de relaciones pùbicas de RCTV y luego asistente a la producciòn de "Màs Allà..."

En esta primera parte de sus memorias, Robert Alonso nos cuenta su paso por el mundo de la televisión. Una historia cargada de anécdotas inéditas para el grueso de los venezolanos, que – entre otras cosas – nos demuestra cómo se perdió Venezuela.

Su sociedad con Antonio José Cisneros, los pormenores de "El Caso del Avión Cubano", la experiencia con el poder judicial venezolano en la llamada "Cuarta República" y la petición que, junto a su hermana – María Conchita Alonso – le hicieran al papa Juan Pablo II, para que visitara Guanare, "la capital espiritual de Venezuela".

Un documento que evidencia la corrupción y la desidia generalizada de un pueblo que jamás entendió el proceso de su paulatina y propia destrucción.

Made in the USA
Columbia, SC
01 October 2020